老いと祝福

石丸昌彦［著］

日本キリスト教団出版局

父母《ちちはは》に

はじめに

思いがけないきっかけから「老い」について話をする機会を与えられ、その後も同様のことを繰り返すうちに話が進んで一冊の本にまとめることになりました。

「老い」については古来さまざまな本が書かれてきました。古代ローマの雄弁家キケロには『老年について』（岩波書店）というエッセーがあり、フランスの哲学者・作家ボーボワールに『老い』（人文書院）という傑作があります。わが国にも幸田文『老いの身じたく』（平凡社）から瀬戸内寂聴『老いも病も受け入れよう』（新潮社）まで、名著、好著が数多くあります。科学雑誌の『ニュートン』は別冊で『老いの取扱説明書』なるものを公刊しました。キリスト教的な背景で書かれたものの中にも『支えの手――老いについて聖書からきく』（宍戸好子、日本キリスト教団出版局）、『老いを生きる――教会の課題、キリスト者の課題』（加藤常昭、キリスト新聞社）など多くのすぐれた書物を挙げることができます。そうした脈々たる伝統の末に小著を加えることができるのは望外の幸せです。

当の私は本書の準備を進めているさなかに、満六五歳の誕生日を迎えました。ようやく高齢者の仲間入りをしたわけですが、本文でも触れるように日本人の健康寿命が著しく延伸した今日、「もはや六五歳は高齢にあらず」という声も上がっています。確かにそうかもしれません。

老いをまだ経験していない者が、老いについて語ってよいものだろうか、そう考えながら部屋の中を見回していたら、こんな言葉が目にとまりました。

「老いはちっともこわくない」

淀川キリスト教病院のホスピス病棟設立者である柏木哲夫先生の新聞連載記事をまとめた『「老い」はちっともこわくない――笑顔で生きるための妙薬』(日本経済新聞社)、これまた教訓とユーモアに満ちた名著です。しかし、柏木先生は執筆当時まだ若かったはず、そう思って奥付を確認したところ、やっぱりそうでした。この本は著者五九歳の年の出版です。つまり柏木先生は、老いの道に進み入るよりずっと先に、この思いきったタイトルを公になさったのでした。

それから四半世紀近くがたちました。その後、ご自身で老いを経験なさった先生は、今なら何とおっしゃるでしょうか。きっと「私の言ったとおり、老いはちっともこわくありませんでした」と朗らかに笑われることでしょう。

私は柏木先生ほどの度胸はありませんので、少し控えめに言っておくことにします。考え方と工夫次第で老いは「それほどこわくない」、あるいは「案外悪くない」かもしれません。

まだ本格的に老いを経験していない私ですが、それなりに成算はあることを、あらかじめ申し上げておきます。

石丸昌彦

【凡例】

・聖書の引用は『聖書　新共同訳』（日本聖書協会）を使用しています。
・書籍からの引用は、引用文の意味に影響がない範囲で文言の一部を変えている場合があります。

もくじ

第二章　「老い」を見直す世界の流れ

第三章　老いの日々を健やかに

第四章　聖書の教えと親の背中

序章　祝福とは何か

序章では「祝福とはいったい何か」という疑問に少しこだわってみたいと思います。著者にとっては大事なテーマですが、「老い」の実質的な問題に早く触れたい方は、序章は飛ばして第一章にお進みください。

祝福を考える

「老いと祝福」というテーマで、話を始めようとしています。しかし、そもそも祝福とはいったい何のことでしょうか、また老いと祝福はどんな関係にあるのでしょうか。

古来、どこの文化圏でも長寿は祝福の象徴でした。神、あるいは神々に祝福された人生であることの何よりの証が長寿だったのです。後述のように、旧約聖書の創世記にもその例は多く記されています。そうであるなら、平均寿命が劇的に延伸して世界でも一、二の長寿国になった日本は、まことに祝福の満ち満ちた国であり、そこに住む私たちも長い寿命をひたすら喜んでいられるはずです。

けれども今「老いと祝福」というテーマを掲げる背景には、老いの日々が実際には苦しいものであり、私たちがそれを素直に喜んでばかりいられないという実情があります。長寿を即、祝福と感じることは難しく、むしろ「老いの困難の中にいかに祝福を見いだすか」という問いかけの方が理解しやすいのです。

これはなぜなのでしょう。

モーセに率いられてエジプトを脱出したイスラエルの民は、奴隷の軛《くびき》から解放されて喜んだのもつかの間、荒野の生活の厳しさに触れるが早いかエジプトでの飽食を懐かしんで不平の声を上げました。そのように私たちは、早くも祝福を祝福と思えなくなっているのでしょうか。それとも、そもそも長寿はそれほどありがたいことでもなければ祝福の証でもなく、私たちが勘違いしていただけなのでしょうか。

もう一つ、私にとって悩ましい問題は、長生きできなかった人々のことです。仮に長寿が祝福の証であるならば、短命に終わった人々や幼くして命を失った子どもたちは祝福を与えられなかったのであり、祝福から漏れたということになるのでしょうか。無事に高齢者の仲間入りをしつつある私は祝福されており、ある年のイースターに二〇代の若さで病に斃《たお》れたN君は祝福されていなかったのでしょうか。

そんなはずはない、と直観は告げますが、しかしどう考えたらよいものか。思いめぐらすにつれ、頭の中は混乱するばかりです。考えを整理するために、往時のN君に倣って聖書を読み直してみることにしました。

祝福と苦難について学ぼうとするとき、まず思い浮かぶのは「ヨブ記」です。ヨブは物語の冒頭において、財産に恵まれ家族も繁栄し申し分のない幸せの中にありました。それは神が、ヨブの手の業《わざ》をすべて祝福なさった結果であることをサタンは皮肉にも指摘し、そのような利益があるからこそヨブは神を敬うのだと主張します。ここに始まるサタンの執拗《しつよう》な挑戦と、その後のヨブの苦悩については聖書が記すとおりですが、試練をくぐり抜けたヨブが神への信頼を取り戻した後のことは以下のように記されています。

主はその後のヨブを以前にも増して祝福された。ヨブは、羊一万四千匹、らくだ六千頭、牛一千くびき、雌ろば一千頭を持つことになった。彼はまた七人の息子と三人の娘をもうけ……。ヨブの娘たちのように美しい娘は国中どこにもいなかった。……ヨブはその後百四十年生き……長寿を保ち、老いて死んだ。

（ヨブ記四二章一二〜一七節）

このように神の祝福の結果として長寿が与えられることは疑いありません。従って長寿を神の祝福によるもの受けとめて感謝するのも自然なことと思われます。問題はその逆の事態についてです。ヨブはサタンの試練に際して「命だけは奪うな」（ヨブ記二章六節）と神が命じたことにより、寿命を縮められることはありませんでしたが、それ以外のありとあらゆる災難に襲われて逆境のどん底に陥りました。そしてついに自分の生まれた日を呪い、神の扱いの不当を訴え、絶望のうめきを漏らしてただ死を望むまでに至ります。人間的に見れば何の不思議もないことでした。このときのヨブは、自分がなお神の祝福の内にあるなどとは思うこともできなかったでしょう。

繁栄と健康が神の祝福のしるしであるのなら、それらが奪われるときには神の祝福も取り去られていると考えるのが自然なようです。しかし、果たしてそうでしょうか。

ヨブ記の大半は、ヨブの悲痛な叫びとこれに対する三人の友人たちの虚しい反論に費やされ、最後に年少者エリフの若々しい弁証に続いて、神ご自身がつむじ風の中からヨブに答えられます。個々の論点にもまして重要なことは、この一部始終を神がすべて見聞きしておられ、そして自らヨブに答えてくださったところにあります。逆境の只中にあっても、神が確かに私たちを見守り続け、ついには私たちの叫びに答えてくださるとしたら、これに勝る祝福はないだろうと私は思うのです。

順境の恵みは祝福の証ですが、それはあくまで結果であり祝福そのものではありません。祝福は神が私たちとともにあり、私たちの運命を御心にとめてくださることの中にあります。それは、あるときには物質的な繁栄や長寿といった見える形として与えられ、別のときには困難の中での希望という見えない形で与えられます。祝福の形はさまざまですが、その拠《よ》ってきたる根拠はただ一つ、私たちを探し求め救おうとする神の意志の中にあるのです。

「順境には楽しめ、逆境にはこう考えよ」というコヘレトの言葉を思い起こします。人が未来について知り得ないよう、神は順境と逆境を併せ造られた、そのことを「考えよ」とコヘレトは言うのです（コヘレトの言葉七章一四節）。

神の祝福は、順境の日の目に見える幸せに限定されるような矮小なものではありません。見える形と見えない思いのすべてにわたって私たちに与えられる、「神共にいます」という約束こそ私たちに与えられた祝福なのです。

苦難の意味

この世に苦難があるのはなぜなのでしょう、苦難は何のためにあるのでしょうか。

そもそも長寿を授からなかった人々、若くして人生を絶たれた人々のことが気になると先に書きました。その最初のきっかけは、母方の伯父、すなわち母の兄の存在でした。

既に高齢者の仲間入りしつつある私ですから、その「伯父」などといえば超高齢の男性の姿が皆さんの脳裏に浮かぶことでしょう。しかし現実の伯父は超高齢はおろか壮年に至ることすらなく、昭和一九年にサイパン島の玉砕戦の中で戦没しました。村の相撲ではめっぽう強い子どもたちの人気者、学校教師を目指していた農家の跡取りの享年二三歳の生涯でした。

当時、日本中からおびただしい数の若者が同様に戦地に送られましたが、その全員が戦死したわけではありません。あの悲惨な戦争においても、人々の運命は白と黒とに容赦なく切り分けられました。隣家の息子さんは帰ってきたのに、わが家の息子は帰ってこない、そうと知ったとき、祖父母は深い悲しみの中で誰にともなく問うたことでしょう。「私たちは祝福から漏れたのですか、なぜ、どうしてですか」と。

この問いは、この世にある苦難一般にまで広がっていきます。災難や不幸に見舞われて苦悩している人々について見聞きするとき、「なぜこの人がこんな目にあわなければいけないのか」と私たちは考えます。「この人々は祝福から漏れたのか」という疑いが、その裏に貼りついています。自覚的な信仰や宗教の有無とはかかわりなく、人間はそのように問い、答えを求めずにはいられません。そして長い歴史の中で、この問いに対するさまざまな答えが考案されてきました。

私は『平家物語』の美しい日本語が大好きで、ときどき本棚から取り出しては琵琶法師の語りを思い浮かべながら行をたどるのですが、言葉の美しさとともに印象的なのは物語を貫く特有の世界観です。それは仏教に由来する「因果応報」の考え方で、今生《こんじょう》における禍福はすべて前世の因縁として説明されます。この世の幸運は前世における積善の結果、この世の不運は前世での悪行の報い、一種の自己責任論が全編を貫いているのです。

現実の不幸も不条理も輪廻転生の大きな宿命の中ではちゃんと理屈が通っている、結局は自業自得で誰を責めることもできないのだ、そのように考えることで自分を納得させ、諦めとともに現実を受け入れるのが『平家物語』の人々にとってのあるべき姿でした。こうした考え方は今でもヒンドゥー教の文化圏などでは強い影響力を持っていますし、日本人の心の深層にも案外深く根を下ろしていそうです。

けれども私たちは、もとよりこれに与《くみ》することができません。それで納得できるぐらいなら、「老いと祝福」などというテーマを掲げはしなかったでしょう。

一方、聖書は私たちに次のように告げます。

イエスは通りすがりに、生まれつき目の見えない人を見かけられた。

弟子たちがイエスに尋ねた。

「ラビ、この人が生まれつき目が見えないのは、だれが罪を犯したからですか。本人ですか。それとも、両親ですか。」

イエスはお答えになった。

「本人が罪を犯したからでも、両親が罪を犯したからでもない。神の業がこの人に現れるためである。」

（ヨハネによる福音書九章一～三節）

『平家物語』なら「前世の因縁」を見るところに、弟子たちは「本人または両親の罪」を考えます。目のつけどころは違いますが、その発想の根本は驚くほどよく似ています。病苦や不幸はその人自身の、あるいはその人の両親の罪や悪行の報いであり、要するに自業自得なのだとする点で両者の姿勢は同じです。

そして、これに対する主のお答えは単純明快な「ＮＯ」でした。病苦は本人の罪でもなければ両親の罪でもない、苦難は罪の報いではないとおっしゃるのです。短い答えですが、人間の精神史の中で革命的な新しさを持った宣言だったでしょう。私のように心の臨床に携わる者にとっては、臨床の場で患者さんが訴える魂の苦痛を受けとめるための、何よりの支えとなるものでもあります。

「神の業がこの人に現れるため」

この「ため」という表現はマタイ福音書にもよく出てくるもので、初めて聖書を読んだときには大いに悩みました。救いの奇跡を起こす場面を用意するため、神がこの世の苦難を容認し、時にはわざわざ準備するかのように読めたからです。もちろん、そうではありません。

この表現は英語の不定詞などにも通じるレトリックで、その真意は「このところに神の業《わざ》が現れねばならない」という主イエスの強い意志を表すものです。そのように神の力が現されることにより、人の苦難が前世の因縁でもなければ罪の報いでもないことが明らかになる、そのように主はおっしゃるのです。

続いて主イエスは、生まれつき目の見えなかった人の視力を見事に回復させ、神の業を現してみせました。畏《おそ》れ多いことながら、羨《うらや》ましくてため息が出ます。こうした癒やしの業によって神の栄光を現すことができたら、どんなにすばらしいでしょうか！

もちろん私たちにはそのような力はありませんが、ここに示された真理を受けとめ、そこから学ぶことならできるでしょう。

福音書の全体が伝えるとおり、主ご自身が不屈の救いの意志をもって苦しむ者と共にいてくださること、その事実こそが私たちに与えられた何よりの祝福です。見えなかった目が開かれたことはすばらしい奇跡ですが、それは救い主の臨在の結果であって原因ではありません。ヨブの繁栄が順境の日における祝福の現れであり、祝福の結果に過ぎなかったことと同じです。そして病や障害が神の業を現すものとなるのなら、老いの日々もまた神の祝福を現す場となるに違いありません。

ややそり身になって聖書全体を振り返るならば、神の祝福が旧約聖書の第一ページから記されていたことに思いあたります。「創世記」の描く天地創造の場面です。


神は言われた。

「光あれ。」

こうして、光があった。

神は光を見て、良しとされた。

（創世記一章三〜四節）


光に続いて創造主が手ずからすべてのものを創り出し、その一つ一つをすべて「良し」とされたこと、光、地と海、草木、太陽と月、鳥と獣、最後に人間、そのすべてを「きわめて良い」ものとご覧になったこと、ここに原初の祝福があります。私たちは本来、神さまの全面的な肯定とともに創られた祝福された存在でした。旧約聖書に記された往古の人々の途方もない長寿は、この祝福の目に見える証でした。

シロアムの池の物語は、罪のゆえにすっかり見えにくくなってしまった原初の祝福を回復しようとする、主イエスの不撓《ふとう》の意志を示すものです。創り主の祝福を救い主が回復してくださるのです。その成果には、目に見えるものもあれば目に見えないものもあるでしょう。神のなさることはまことに広大無辺です。

重ねて言いますが、私たちの祝福はあれこれの結果の内にあるのではなく、主が共にいてくださるという事実の内にあるのです。インマヌエル（主共にいます）という一言が、私たちの祝福を過不足なく言い表しています。人生が長くとも短くとも、その初めから終わりまで主が共にいてくださること、地上の人生が始まるずっと前から、終わった後もずっといつまでも、私たちの命が神の永遠の守りの内にあることが私たちの祝福なのです。

さあ、これで話を進める準備ができました。老いと祝福について、さまざまな角度から考えてみることにしましょう。

第一章

今日の老いの現実

超高齢社会の到来

日本人の平均寿命はこの半世紀で目覚ましい勢いで延伸し、日本は統計上、世界で一、二を争う長寿国となりました。

日本人の平均寿命について、以下のような推計データがあります（『寿命図鑑 生き物から宇宙まで万物の寿命をあつめた図鑑』〈やまぐちかおりイラスト、いろは出版編著・発行〉より）。

縄文時代	一五歳
飛鳥・奈良時代	二八～三三歳
江戸時代	三二～四四歳
明治時代	四四歳
昭和時代（戦時中）	三一歳
昭和時代（一九七〇年代）	七〇代
平成時代	八〇代

細かいことですが、昔の平均寿命が短かった大きな要因は、乳幼児など若年者の死亡が多かったことでした。出生直後に〇歳で亡くなった赤ちゃんと、百歳まで長命した人が一人ずついれば、平均寿命は五〇歳になる計算であり、年少者の死亡が多ければ平均値は極端に引き下げられます。昔は赤ちゃんや幼児が伝染病などであっけなく亡くなることが多く、逆にいったん無事に成人できれば、中には旧約聖書の族長たちのように長生きする人もあったでしょう。

それにしても、今日でいう高齢者の域に達することができる確率はおしなべて高くありませんでした。まさに「人生七十古来稀」が現実だったのです。その稀なことがあたりまえの前提に変貌したのは、ようやく一九七〇年代のこと、それから半世紀ほどしかたっていません。その急速な進展ぶりはまことに驚くべきものです。

このこと自体はもちろん喜ばしいことであり、日本の社会がこうした進歩を達成してきた事実を私たちは誇りにしてよいでしょう。先にも見たとおり、古来長寿はその人に与えられた祝福のしるしと考えられてきました。けれども、そうした祝福が特定の恵まれた一部にとどまり、格差や貧困のために多くの人々がそこから除かれていたとしたら、社会の平均寿命は長くなりません。平均寿命の延伸は人々が広く長寿を期待できるようになった結果であり、少なくともその限りにおいて一定の平等が達成されている証拠でもあります。このことを考えあわせればなおのこと、平均寿命の延伸は私たち皆にとって喜ばしい成果なのです。

なぜこれほど急速に日本人の平均寿命が伸びたのでしょうか。それは医療だけの功績ではありません。沖縄県は二〇世紀後半には世界屈指の長寿地域に数えられ、二〇〇四年にはアメリカの週刊誌『TIME』が特集を組んで「健康で長生きしたければ沖縄のライフスタイルに学べ」と紹介しました。ところが同じ時期の沖縄県は、人口あたりの医師の数が全国で最も少ない地域でもありました。健康というものの裾野の広さと、医療にできることの限界とを痛感させられたものでした。

あの戦争におけるすさまじい地上戦で甚大な損害を被り、戦後のアメリカによる統治と基地負担の中で多大な不自由を強いられてきた沖縄の人々が、なぜこれほど長寿であり得たのか。理由として挙げられるのが、煮イモを主食とする質素ながらバランスのとれた食生活であり、スローライフと評されるゆったりした暮らしぶりであり、高齢の人々が尊重される家庭や地域のあり方でした。

皮肉なことに、長寿地域として注目されてきた頃から一転して沖縄県の長寿番付上での凋《ちょう》落《らく》が始まり、最近では特に男性の順位が全国でも下位となっています。その最大の原因はアメリカ統治時代にアメリカ型の食習慣が流入したこと、これに自動車の普及による運動不足もあいまって、糖尿病やその結果としての動脈硬化などの健康問題が一気に増えたものと考えられています。こうしたところにも沖縄の人々の苦難の歴史が端的に現れているでしょう。

日本人全体の寿命の延伸についても、実は同じような事情が考えられます。私の学生時代、つまり一九八〇年代に教わったことですが、当時の日本人の食生活は世界保健機関（ＷＨＯ）の推奨する指針に照らした場合、カルシウム摂取がやや不足していることと塩分摂取がやや多すぎることを除けば、ほぼ理想的なものと評価されていました。戦前は貧困のために十分な栄養がとれない人々も多く存在したのですが、戦後の経済成長の中で衛生環境と栄養条件が満たされるにつれ、伝統的な食生活のバランスの良さが十分発揮されるようになり、結果的に理想に近い食生活が実現されるようになったのでしょう。しかし、今後もそれが続いていくかどうか。

食事と栄養以外にも、一九四五年の敗戦を最後に戦争による惨禍を免れてきたこと、母子保健の充実によって乳児死亡率が低下したことなどは、平均寿命の延伸をもたらす重要な条件でした。国民皆保険制度に支えられた医療の充実も、そうした条件の一つとして数えることができるでしょう。

このように見てみると、長寿という現象は実にさまざまな条件に支えられて成立しているものであることがわかります。日本人の寿命が順調に延伸してきたのは、政治的な安定から食生活の充実に至るまで多くの条件が満たされた結果でした。私たちがそれほどに恵まれた時代に生きてきたことを、まずはわきまえておきたいと思います。この恵みは私たちが努力だけで手にすることのできる限度を超えて与えられたものであり、それに思い至るなら感謝するほかありません。

一方また、今後の日本の状況を考えるときには多くの懸念や憂慮が湧いてきます。日本人の長寿を実現してきた先のような条件が今後も存在し続けるという保証はありません。後続の世代がいっそうの長寿を享受できるよう祈らずにはいられません。

健康寿命の延伸

日本人の平均寿命が長くなったのに応じて、生存期間ばかりでなく健康に活動できる期間もまた著しく長くなりました。いわゆる「健康寿命」が長くなったのです。

そのことの見方を変えれば、同じ年齢をとって比べた場合、おしなべて今の人の方が昔の人よりも若いということにもなります。要するに「昔の七〇歳と今の七〇歳では健康度が違う」ということであり、それを私たちは直観的に感じ取っています。

『船頭さん』という童謡があります。一九四一（昭和一六）年、日米戦争に突入する直前に発表された歌ですが、戦後に歌詞を一部変更したうえで長く歌い継がれてきました。

一番の歌詞は左記のとおりです。

村の渡しの船頭さんは
今年六十のお爺さん
年を取ってもお船を漕ぐ時は
元気いっぱい艪《ろ》がしなる
それ　ぎっちら　ぎっちら　ぎっちらこ

この歌を今の若い人たちに聞かせると、例外なく「今年六十のお爺さん」というところで顔を見あわせ、笑い出してしまいます。そして六〇を超えた私などの顔を見て見ぬふりをしながら、しばらくにやにやしています。

「艪をしならせて舟を漕ぐ」という表現は大変力強いもので、揺れる舟の艫《とも》で巧みにバランスをとりながら、腰を使って舟を進めていく様が目の当たりに浮かぶようですが、それを説明するところまでたどり着けず「昔は六〇歳がお爺さんだったんだよなぁ」で終わってしまうのです。

余談ですが、艪を操って舟を漕ぐ動作や、腰を割って鍬《くわ》を打つ動作など、日本の伝統的な生活の中で培われてきた腰や腹の使い方が、今の若い人たちにはできなくなっています。皆一様に手足が長くて身軽ではあるのですが、腰高で安定感に欠けるのです。腰の強い日本人の相撲取りがめっきり見られなくなったことにも同じ背景があるでしょう。斎藤孝著『身体感覚を取り戻す——腰・ハラ文化の再生』（日本放送出版協会）が指摘するとおりです。

私が中学生の頃に母の実家で正月を過ごすことがあり、皆で餅つきをすることになりました。おもしろ半分に持たせてもらった杵《きね》がやたらに重くてどうにも扱いかねていたところ、私よりも小柄で既に七〇代に入っていた祖父がひょいと取り上げ、腰のすわった無駄のない動作できれいに餅をつきあげていくのに目を丸くしたものでした。こういった伝統的な所作は既に私たちの世代から失われ始めていたのですが、日本人の美意識の根底にもつながるものであり、何とかこれを伝えていくことができないものかと思います。

それはさておき、「今年六十のお爺さん」の件です。高齢者自身の抱く自己認識も、若者のそれに呼応して変わりました。数年前に高校の同級生が還暦を口実に集まったとき、「赤いちゃんちゃんこを贈って長寿を祝う」という伝統的な習慣のことが誰からともなく話題になり、その実感の薄さに皆苦笑したものでした。

先に健康寿命という言葉を使いましたが、これは「健康上の問題で日常生活が制限されることなく生活できる期間」と定義されており、要するに健康でいられる期間ということになります。日本は平均寿命だけでなく健康寿命でも世界トップクラスであり、二〇一九（令和元）年時点では、男性七二・七歳、女性七五・四歳と報告されています。同じ年の平均寿命は男性八一・四歳、女性八七・四歳なので九年から一二年ほどの差があり、この期間は健康上の問題で日常生活が何らかの制限を受けることになりますが、これは年々短縮する傾向にあります。また「何らかの制限」の中にもごく軽い制限も含まれており、それを考えれば七〇代前半までは基本的にそれまで同様の生活を維持できると期待してよいでしょう。

こうした現状を踏まえて日本老年医学会は二〇一七年一月に提言を行い、その中で「六五歳から七四歳を准高齢者、七五歳から八九歳を高齢者、九〇歳からを超高齢者」と区分し直すべきであると主張しています。そうなると私などはいよいよ「老い」について語る資格がなくなりそうで、まずは事前の予習ぐらいのところでしょうか。

日本老年医学会は右の提言の中で「加齢に伴う身体機能変化の出現が、過去一〇～二〇年間に五～一〇年遅延した」と指摘します。二〇一七年の七五歳は一九九七年の六五歳に相当するほど若いということになり、逆にいえば童謡に歌われた船頭さんは少なくとも七〇歳、一九四〇年代という昔であることを思えばそれ以上の年齢と考えられますから、それなら「艪をしならせて元気いっぱい舟を漕ぐ」姿はなるほどあっぱれといえるでしょう。

ただ、ここでもう一つ考えておきたいのは、年齢に伴う心身の機能変化に関しては個人差が非常に大きいということです。日本人の悪い癖として、人を見るときに年齢に過度に注目するということがあるようです。テレビ番組でも取材の際にまず年齢を尋ね、「八二歳です」などと答えれば「八二歳で現役ですか、すばらしいですね！」などと驚いてみせるのが約束事のようになっているでしょう。悪気はないのでしょうが、私だったら「本当はもう引っ込んでいるべき歳なのかな」と気になってしまいそうです。

自然体で生活している結果として続けられるから続けている、漕げるから漕いでいる、そのような人をことさら「健康な超高齢者」扱いしてもてはやすのは、本当に敬意を払っているとはいえない気がします。八〇歳で三度目のエベレスト登頂を果たした三浦雄一郎さんのように、記録に挑戦して高みを目指す人が注目を浴びるのはまた別の意味があるでしょうけれども。

乳幼児の心身の発育などは概してばらつきが小さく、時には月齢を気にしなければならないほどですが、成人して以降の加齢のスピードに大きな個人差があることは同窓会に出てみればすぐにわかります。とりわけ高齢期に入ったら暦年齢から天下りに判断するのでなく、それぞれの心身の実情に応じて生活設計をするよう心がけたいし、周囲もまたそうした目で高齢者と接したいものです。

病魔と戦災——軛からの解放

寿命と健康寿命の延伸が実現されるに伴い、私たちがどんな軛《くびき》から自由にされたかということを、もう少し見ておきたいと思います。

サタジット・レイ（一九二一〜一九九二）はインドとベンガル語圏を代表する映画監督で、『大地のうた』『大河のうた』『大樹のうた』という自伝的な三部作が代表作として知られています。ずいぶん前のことですが、この三部作が岩波ホールでまとめて上映されたことがあり、映画好きの母に誘われて見に出かけました。

主人公の少年オプーは、大自然に囲まれたインドの農村で生まれ育ちます。元気な明るい男の子でしたが、仲良しの姉が激しい雨に打たれたのをきっかけに、一夜にして肺炎で亡くなったのが不幸の始まりでした。悲しみに暮れる両親と共に村を離れ、大河のほとりの大都会へ移り住んだところ、今度は父親が熱病で急逝してしまいます。

母の里の農村で成長するにつれ、利発なオプーは学問への情熱を抱くようになりました。そして遠くの街の学校へ寄宿して学ぶうちに留守宅の母親が次第に弱っていき、息子の帰りを待ちわびながら息を引きとります。祖父は村に留まって母の菩提《ぼだい》を弔うよう勧めますが、オプーは広い世界を求めて学校へ戻っていくのでした。

　成人して働きながら文筆に励む中、不思議な縁で巡り会った女性と劇的な経緯で結婚したのもつかの間、愛妻は男の子を産み落としてあっけなく命を落としてしまいます。姉や両親を失ってもへこたれることのなかったオプーでしたが、最愛の新妻の悲劇的な死は到底受け入れることができず、忘れ形見の息子を置いて家を出てしまうのです。数年後に再会した父子の和解が全編を結ぶクライマックスのテーマとなるものでした。

　インド人が大変映画好きであることは後に知りましたが、私にとっては初めてのインド映画でした。インド社会の独特な世界を期待していた私は、むしろ扱われているテーマの普遍性に驚き、主人公の悩みや成長ぶりが私たちのそれと少しも変わらないことに感銘を受けたものです。

　同時に忘れられないのは、次から次へと容赦なく命を奪っていく病魔の圧倒的な力です。その病魔の正体を振り返ってみると、母親だけは何らかの慢性疾患のようでしたが、姉は肺炎、父は汚染された河水に関連した熱病、妻は産褥熱と想像され、いずれも激しい感染症による急な死であることが印象的でした。

　そしてこのことはインドだけの特殊な風景ではなく、二〇世紀前半までの人類が置かれていたきわめて普遍的な状況だったのです。

次ページのグラフをご覧ください。これは一九六〇年代から二〇一〇年代までの日本人の受療率（入院・外来を問わず医療を利用した人数）を疾患別に見たものです。グラフのポイントは、糖尿病や循環器疾患などの生活習慣病が昭和の後半から増えてきていることを示すものですが、それに先だって結核の受療率が劇的に低下していることがわかるでしょう。

結核はよく知られた危険な病気であり、世界中で多くの人命を奪ってきました。歴史に名を残した人々の中にも、高杉晋作、沖田総司、樋口一葉、正岡子規、石川啄木など、結核で命を奪われたケースを数多く挙げることができます。その結核が第二次世界大戦後、急激に減少に向かったことをグラフは鮮やかに示しています。

これは単純に医学の発達によるものではありません。戦後の社会の安定と経済成長に伴って、上下水道をはじめとするインフラが整備されて衛生環境が改善し、栄養の向上によって人々の感染抵抗力が増しました。その上に抗結核薬など治療法の発展とＢＣＧによる感染予防が行われた結果、このような成果につながったのです。これまた戦後日本社会の総合力向上の証でもありました。

結核は象徴的なものであり、赤痢、腸チフス、肺炎、寄生虫病など各種の感染症が同様に克服されていきました。その結果、私たちは映画の中でオプーが経験し、古くは『方丈記』などの古典が繰り返し記してきた疫病の恐怖から解放されたのです。

主要疾患の受療率（年次推移）

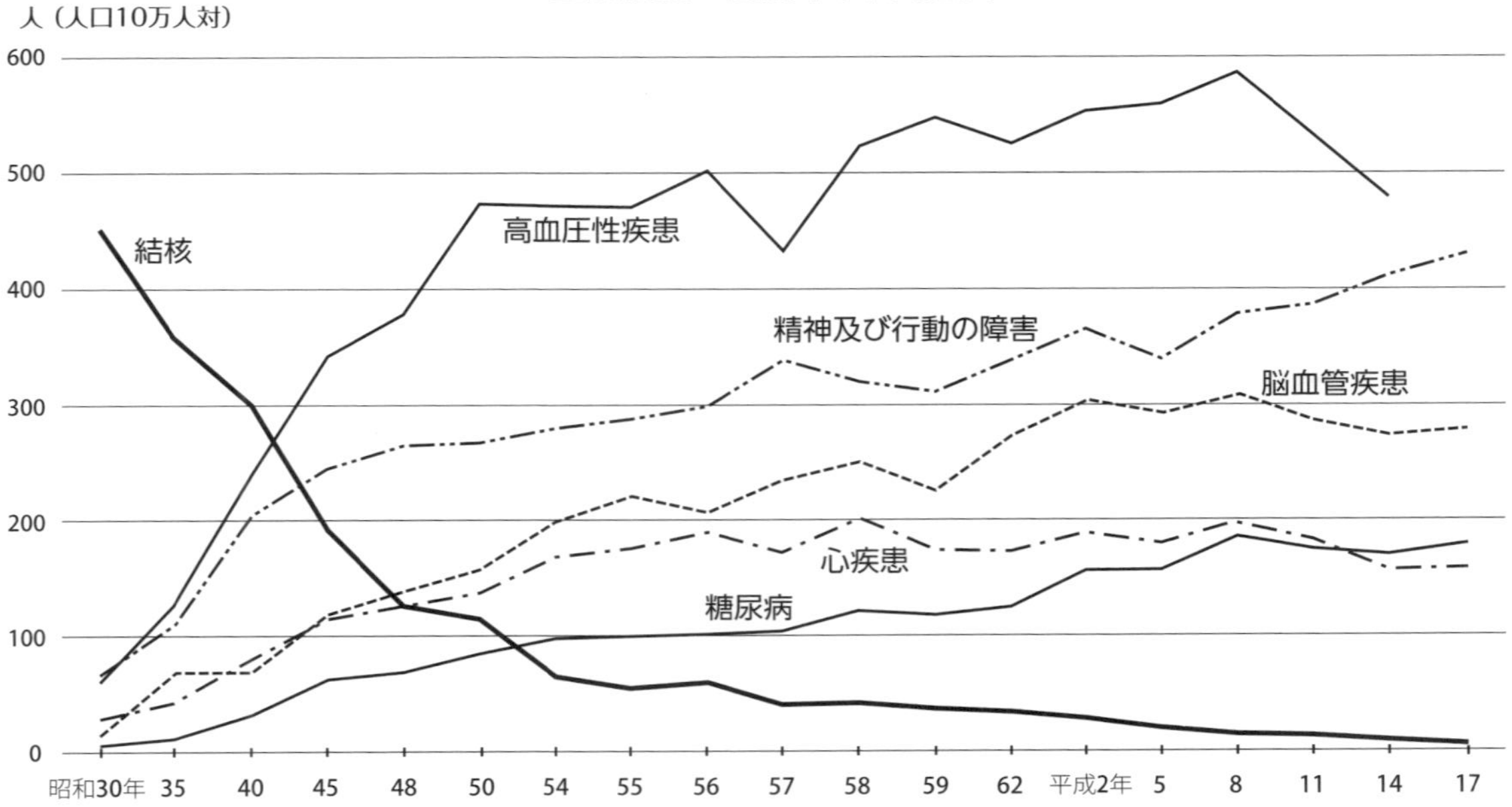

厚生労働省「患者調査」より作成

ただ、安心するのは早すぎます。日本人の結核の感染状況は、現在でも先進国中では最悪の水準にあり、若い人々の間で結核の新規発生が増加に転じているとの指摘もあります。結核に限らず、最近では予防接種の副作用を恐れるあまり、自分の子どもに感染症の予防接種を受けさせたがらない若い親が増えているとも言われます。懸念はわかるものの、病気への警戒心が足りないのではないかと感じることもしばしばです。伝染病や感染症の恐ろしさをきちんと伝えるのも高齢者の大事な役割の一つかもしれないと思っていた矢先、いわゆるコロナ禍の時代に突入し、私たちは感染症の脅威を再認識することになりました。

感染症などの病魔と並んで、人々の命を容赦なく奪ってきたもう一つの災厄が戦争です。私自身は敗戦から一〇年以上たって生まれ、いわゆる「戦争を知らない子供たち」に属します。しかし私たちの成長期にはまだ数多くの戦争体験者が私たちを取り巻いていました。両親もまた命こそながらえたものの、戦争のために大事なものを奪われ手ひどく傷つけられた若者たちの一員でした。

母の兄が二三歳で戦没したことは先にも述べました。第二次世界大戦中、日本人の平均寿命が江戸時代の水準まで逆戻りしたことが二四ページの数字からわかります。空恐ろしくなるようなこの数字の陰には、おびただしい数の若い兵士や幼い戦争犠牲者が存在したのです。

戦地へ赴く若者たちがどんな気持ちであったか、自分なりに資料を読む努力もしてきましたが、平和な時代にのんびりした頭で想像できることには限度があります。現実に起きている戦争の中で、行くからには戦って勝たねばならない、故郷の家族のためにも強くあらねばならないと、葛藤の中で自分を駆り立てていく健気な姿が『きけわだつみのこえ——日本戦没学生の手記』(岩波書店)などに記されています。しかし彼らの心の柔らかい奥底をのぞくことができたらいったいどうであったか。

歳をとってみたい、歳をとって老いの苦労を経験するまで長生きしてみたい、そうした思いがなかったはずはないでしょう。まして始まったばかりの人生の中で、空襲の犠牲になった子どもたちのことなど考えると、言葉がありません。

私たちは今、老いの日の難しさにどう直面するかを考えようとしています。そうした作業に没頭できること自体が、人類史の中で類例のない大きな恵みであることを忘れてはならないでしょう。

祝福を曇らすもの

貧困や飢餓や戦争の恐怖に絶えずさらされている古今の人々が見たとしたら、驚きと羨望《せんぼう》に圧倒されてしまうに違いない私たちの長寿と健康です。その祝福を曇らせ、私たちにため息をつかせてしまうものは何なのでしょうか。

そのことを考えるとき、思い出す場面があります。

『大草原の小さな家』は、アメリカの児童文学の傑作として読み継がれている作品です。テレビドラマ化されたものが日本でも一九七五年から八〇年代にかけて放映され、ときどき楽しみに見ていました。そのある回で、物語の舞台であるミネソタ州ウォルナットグローブのインガルス一家に、黒人の男の子が逃げ込んできたことがありました。詳しい筋立ては覚えていませんが、奴隷解放以前の時期にどこかの農園から逃げ出してきたのかもしれません。

苦労のためか年齢不相応に大人びたこの男の子と、インガルス家のお父さんの会話の中で、希望を捨てずに生き続けるよう諭すインガルス父に対して、男の子が反問します。

「白人で五〇年生きるのと、黒人で一〇〇年生きるのと、どっちがいい？」

答えにつまるインガルス父。子どもの口から出たこの言葉が、テレビの画面越しに胸に刺さりました。

長寿は祝福のしるしだったと先に書きましたが、このことは無条件で正しいとはいえません。長寿が祝福であるためには、生きることに希望が伴っていなければなりません。努力と運次第で幸せになれる可能性が保証されていなければ、人生の長さは意味を持たないのです。その保証が望めないとき、いたいけな子どもですら生きることを厭《いと》うようになることを、一言の反問が鮮やかに示してみせました。

ひるがえって今日の私たちの場合に、長寿の恵みを曇らすものは何か。私が「老い」をテーマに講演をした際、それに先立って行われたアンケート調査の結果などから、次のようなことが浮かんできます。

第一に、老いとともに心身の能力が低下していくこと
第二に、健康問題とりわけ認知症
第三に、孤独
第四に、生きがいの喪失

もとよりこれらは別々のことではなく、互いに関連しています。心身の能力が低下し、持

病を抱える日々であっても、見守り支えてくれる家族や隣人に恵まれていれば、前向きに生活を楽しむこともできるでしょう。反対に孤独の中に置かれるとき、心身の衰えと健康問題は何倍もの重みを持って高齢者を圧迫し、生きがいを見えなくしてしまうのです。

そして孤独との闘いは、個人の努力と心がけだけで進められることではありません。そもそも高齢者の孤独をつくりだしている世の中のあり方に皆が目を向け、皆で知恵をしぼり力をあわせて対策を考えていくことが必要です。そこでもう一つ加えねばなりません。

第五に、高齢者に対する配慮に欠けた社会のあり方

速すぎる技術の進歩

高齢者に優しくない社会のあり方には、さまざまなものが挙げられます。世の中の変化が年々激しくなり、変化のスピードがどんどん増していることはその一例です。とりわけ情報技術や情報システムの変化のスピードはすさまじく、若い人でもぼやぼやしていると取り残されかねない状態ですから、高齢者がついていくのは大変です。インターネットやスマート

フォン、SNSなどが常態化した今日の日常を前にして、絶望的な気持ちになる高齢者は多いことでしょう。

私たちは若い時には新しいものを好み、新しいものを取り込んで自分のものにする柔軟性を豊かに備えています。それが若者の長所というものです。しかし年をとるにつれ、新しいものを取り込むよりは、自分が既に知っている使い慣れたものや習熟したやり方に頼るようになります。その分、変化に対応することが億劫《おっくう》になり苦手にもなっていきます。その間にも世の中の方はおかまいなしにどんどん変化し、しかも現代では変化のスピードが年ごとに増していくのです。

結果的に、高齢者の日常と社会の現実との隔たりは日ごとに大きくなるでしょう。高齢者の側では自信を失い疎外感をつのらせ、社会の側ではついてこられない高齢者を蚊帳の外に置いたまま、まっしぐらに先を目指していきます。

このような技術革新の速さ、そして技術が革新され便利になることが無条件によいことであり、そのスピードは速ければ速いほどよいのだという暗黙の前提、いわば「進歩に対する信仰」が今日の高齢者を逆にひどく苦しめているのではないでしょうか。今日の高齢者の生きづらさは、「進歩信仰」の副作用でもあります。

仮に私たちの社会に大きな進歩がなく、世の中のしくみや生活環境が十年一日のごとく変わらないとしたらどうでしょうか。長く生きてきた人ほど経験知が豊かであり、日常においても不測の事態に際しても最も頼りになるに違いありません。近代以前の伝統社会は実際それに近いものがあり、そうした社会で高齢者が尊重されたことには十分な理由があったのです。何十年かに一度の災害や危機に見舞われたとき、古老の経験は何より頼りになったに違いありません。家庭においても「おばあちゃんの知恵袋」は日常生活の生きたマニュアルであったはずです。

しかし、近代に入って新しい技術が生活全般を覆うようになり、技術革新のスピードが時を追って速くなるにつれ、状況は根本的に変わりました。一〇年前の知識は今日ではまったく役に立たず、文字どおり日進月歩が常の風景です。そんな時代に求められるのは、新しい情報や技術に速やかに反応して柔軟に身につける適応力ですが、これこそ若い人ほど長《た》けており、歳をとるほど苦手になっていくことなのです。

実はこのことは高齢者だけの問題ではありません。急すぎる進歩について行けず、時代にとり残される危険は壮年期に既に始まっています。四〇代から五〇代にかけての中年期は、かつては社会で最も力を発揮できる年代と考えられていました。青年期に学んだ新しい知識を携え、二〇年ほども経験を積んだ結果、知識と経験が有機的に結びついて実践に耐えるものになるのがこの時期です。ちょうど家庭においては次世代を育てる時期にもあたっており、自信と活力にあふれて社会の中軸を担っていくのがこの年代の人々でした。

しかし今日では、この年代の人々が早くも「時代遅れ」の危険にさらされるようになっています。その意味で、健康寿命の延伸とは裏腹に、社会的な「老化」の開始は早まっているともいえるでしょう。一九九〇年代頃から日本の中高年、とりわけ働く男性のメンタルヘルスが脅かされるようになったのには、こうした背景もありました。

このような進歩の加速化は今日の世界全体を覆うグローバルな現象ですが、このままでよいとは私には思われません。速すぎる進歩の中で悲鳴を上げているのは高齢者だけではなく、諸々の障害のある人々も同じですし、経済的な事情や教育的な背景などから新しい技術を享受できない人々を取り残す格差の問題もあります。格差は国の中だけでなく世界のさまざまな地域の間にも存在しています。右に述べたとおり壮年者ですらのんびり構えていられない技術進歩のスピードは、どう見ても速すぎるのではないでしょうか。このままでは人類全体が「進歩」に振り回されて消耗してしまうでしょう。

総じて現代の生活技術は、最も進んだ地域の健康な若い人々を標準として開発され、頒布されています。しかし「多様性」とか「共生社会」といったことを真剣に考えるのなら、そうした技術をどれだけ広く共有できるかということを考えなければなりません。その意味で、高齢者が「もっとゆっくり！」と声を上げることには重要な意味があるはずです。

「高齢者がついていくことのできる程度に変化のスピードを抑えること」、これは昨今のテーマである「ＳＤＧｓ（持続可能な開発目標）」にも通じる大事な着眼です。「年寄りが遅すぎる」のではなく、「世の中が速すぎる」のです。皆のため、とりわけ弱さや困難を抱える人々のためにも、勇気をもって「待った」をかけないといけません。

速すぎた社会の変化

技術革新が「速すぎる」と書いたついでに、もう一つ「速すぎた」話をしておきましょう。社会の高齢化について考える際、高齢化の進み具合に応じた区分が用いられています。三一ページに示した日本老年医学会の提言はいったん横に置くとして、六五歳以上の人を高齢者と呼ぶのが現行の方式です。そしてその人口が全人口に占める比率（高齢化率）に従って、以下のように区分するのです。

高齢化社会　：六五歳以上の人口が全人口の七パーセントを超えた社会
高齢社会　　：六五歳以上の人口が全人口の一四パーセントを超えた社会

超高齢社会　‥六五歳以上の人口が全人口の二一パーセントを超えた社会

わが国は一九九五年に高齢化率一四・六パーセントで高齢社会に入り、二〇一〇年には同じく二三パーセント超となって超高齢社会に入りました。世界と比較すれば一九八〇年台までは下位、九〇年台には中位であった高齢化率が、二〇〇〇年代に入ってからは最も高い水準で推移しています。高齢化と並行して少子化も進行しており、二〇一〇年は日本の総人口が初めて減少に転じた点でも転換点といえます。二〇二〇年の最新データで高齢化率は二八・八パーセントとなっており、国民の一〇人に三人は高齢者という時代になりました。今後この値は間違いなく増えていくでしょう。

高齢化率の高さそのものもさることながら、日本の場合にはそれに加えて、欧米先進国よりもずっと速く高齢化が進んだという事情がありました。高齢化社会から高齢社会への移行、すなわち高齢化率が七パーセントから一四パーセントになるまでに要した期間を比較すると、フランスは一一五年、スウェーデンは八五年、アメリカは七二年であり、比較的短いイギリスで四六年、ドイツでも四〇年かかっています。これに対してわが国は一九七〇年から一九九四年までわずか二四年であり、その後の進展も急速でした（内閣府『高齢社会白書平成三〇年度版』より）。

人口の高齢化は少子化と相まって、国の産業や労働そして福祉のあり方に大きな影響を与えます。変化のスピードが速ければ速いほど、変化への対応は難しくなるでしょう。世界史上空前の勢いで変化が進む中、さしあたり高齢者の健康問題をどう支えるかが日本の社会の喫緊の課題になりました。一九九七年の法案成立を経て二〇〇〇年から施行された介護保険制度は、大急ぎで立案された急ごしらえの制度でしたが、医療福祉システムの面ではそれなりの成功を収めてきたものと評価されています。

ただ、この間に起きた変化は高齢化率の急増だけではありません。もう一つ重要なのは「家族」というもののあり方の変容です。高齢化が急速に進展した過去数十年は、同時に私たちの家族の在り方が激変した時代でもありました。

かつて私たち日本人は、祖父母をまじえた多世代の大家族で住むことが普通でした。第二次世界大戦後の高度成長の時代に家族のあり方は急速に変わっていきましたが、それでも一九八〇（昭和五五）年まではまだ三世代世帯が最多であり、全世帯の約半数を占めていたのです。しかしその後も核家族化は進み続け、成人した子が親と別居する傾向も強まって、二〇一六（平成二八）年には夫婦のみの世帯が約三割と最多を占めるようになりました。高齢の夫婦の一方が亡くなることはいずれ避けがたく、離婚や非婚の増加もあって単独世帯が急増しました。東京二三区の一部では、既に単独世帯が最多となっているところもあります。

このことが高齢者の生活のあり方にきわめて強い影響を与えることは言うまでもありません。

私のつれあいが育った家庭では、家族の人数に対して決して広いとはいえない家屋の中に、父方の祖父と母方の祖母が同居していました。小学生時代のつれあいは、夕方になると相撲放送を見ながら晩酌を始める祖父の横にちょこなんと座り、祖父のお給仕をすることが役割として与えられていました。昭和も終わりに近い時期のことですが、今では別世界の話のように感じられます。

このように子や孫と日常的に交わり語らう暮らしの中では、高齢者はおのずと助けを与えられ慰めを感じることができたでしょう。戦後の新民法公布とともに「個人」の権利義務が社会の基本とされるようになっても、人々の頭の中にはまだまだ「家」の伝統が生きていました。財産は均分相続になっても、長男とその配偶者に家と両親の世話の責任を求める風潮は続きました。

そのような古いあり方が劇的に様変わりし、高齢者の受け皿である家族と家庭が決定的に変わったのが過去数十年です。そうした家庭変容のプロセスもまた世界に類のない急激なスピードで進み、急速な高齢化と並行して進みました。日本の至るところで皆が混乱し当惑したのも、無理のないことだったでしょう。

懐かしんでも過去は戻ってきません。夫婦のみの世帯や単独世帯が基本形となるこれからの社会では、高齢者も自立と自活を心がけねばなりません。そうした時代に健康寿命が顕著に延伸してきたことは明るい材料ですが、いったん病気・病弱という負荷が加われば老いの生活はがぜん厳しいものになり、そうした毎日を耐えている間にも残り時間は次第に少なくなっていきます。超高齢社会の厳しさがそこにあり、それが「老い」という言葉に影を落とすのでしょう。

昔と違って、今は老いの日々を個人あるいは夫婦単位で過ごさねばならないということ、ここに「老い」のイメージを暗くする第二の要因がありそうです。私たちはどのようにこれを乗り越えていったらよいでしょうか。かつての大家族の生活を取り戻すすべはなく、これに代わる別の共同体をつくりだすことも簡単ではないとすれば、さしあたり個人や夫婦単位での生活を楽しむよう、発想を切り替えるほかありません。そのうえであらためて、そのように自立して暮らす個人や夫婦をつなぐネットワークを、地域につくりだしていくことが求められるでしょう。

これは二一世紀の重要な文化史的課題です。広く世界を見渡せば、日本が二四年で通過した高齢化社会から高齢社会への移行が、韓国では一八年、シンガポールでは二〇年とさらに急激な勢いで進んでおり、巨大な人口を抱える中国が近い将来にわが国並みの速さで通過すると予測されるなど、アジア諸国が軒並み日本の後を追って激変に直面しつつあります。わが国の経験はこうした国々にモデルと教訓を提供するものとして、世界から注目されています。

速すぎる社会の変化に懸命に対応して、私たちはここまで来ました。一息入れて気をとりなおし、あらためて日々の生活のあり方を模索する時を今、迎えています。

長谷川和夫先生のこと

長寿という恵みを曇らせる原因の一つとして、健康問題を挙げました。健康を脅かすさまざまな問題がある中でも、とりわけ認知症は誰にとっても心配なことでしょう。体の健康ももちろんおろそかにできませんが、認知症は私たちの生活を支え毎日の経験の土台となる知能の働きを脅かすところから、他の病気とは違った不安を私たちにもたらします。

認知症やメンタルヘルスについては第三章であらためて触れるとして、ここではまず医師の長谷川和夫先生（一九二九〜二〇二一）のことを書いておきたいと思います。「老い」と社会のあり方についての大事なヒントがそこにあるからです。

先生は精神医学の世界で、老年期の認知症の研究と臨床の先駆者として長く活躍してこられました。外来診療の限られた時間の中で、認知症の可能性のある人を拾い出すための簡便な質問法を考案したことは特に有名です。この質問紙は「長谷川式スケール」と呼ばれ、一九八〇年代に私が医者になった頃には既に広く使われていました。

その認知症専門家の長谷川先生が、晩年にご自身が認知症に陥られたのです。このことは認知症を予防する難しさを示すものでもありますが、見事だったのはその後の先生の足取りでした。

詳しくは『ボクはやっと認知症のことがわかった――自らも認知症になった専門医が、日本人に伝えたい遺言』（長谷川和夫、猪熊律子著、KADOKAWA）などの書籍で詳しくご覧いただけますが、ここではある雑誌に掲載された長谷川先生とご家族へのインタビュー記事から引用しておきましょう（「もしも自分が、家族が認知症になったら」ハルメク発行『ハルメク』二〇二一年一〇月号より一部語句改変）。

「自分が認知症になると思っていませんでした。なってみて思うのは認知症の人の本当の痛みを知ることができたということです。ただし、認知症で別な人になってしまうのではありません。人間には多様性があり、いろいろな面がありますが、それは連続しているのです。昨日まで生きてきた続きの今日の自分がそこにいるのです」

「認知症になると繰り返し同じことを話したり、道に迷うなど確かに不便なことは起こりますが、まわりのサポートで何とかなります。喜んだり楽しんだりする感情はそのままにその人らしく生きられるのです」

「自分がした行動を忘れて、今、ここ、しかハッキリしない状態が私にはあります。でも、記憶が抜けてもまわりの人が覚えていてくれます」

認知症という病気を私たちがことのほか恐れる最大の理由は、それが記憶力の低下や喪失を意味する点にあるでしょう。私たちは記憶の作用によって昨日と今日をつないでいます。昨日の記憶がなくなってしまったら、昨日の自分と今日の自分をどうつないでいったらよいかわからなくなり、ひいては自分自身が何者であるかわからなくなるのではないか、そのことが私たちを不安に陥れるのだと思います。

けれどもそれは恐れなくてよいのだということを、長谷川先生は理論によってでなく経験に基づいておっしゃるのです。それは先生ご自身にとっても新鮮な発見でした。

「私は認知症になる前は自分が専門家でありながら、認知症になったら向こう側の人、認知症でないこちら側の人、と隔絶していると思っていたんですがそうじゃなかった。

つながっているんです」
「私の症状には波があって、朝起きると脳が光り輝いていて、お昼、夕方とだんだん弱ってくる。翌朝になるとまた輝いている。他の人にはない尊いことです」

励ましに満ちた長谷川先生の言葉ですが、その中に繰り返し「まわりの人の助け」という言葉が出てくることが見逃せません。もしも孤独の中に捨ておかれたら、頼みの綱である自分自身の記憶の衰えは、何倍もの恐ろしさをもって私たちに覆いかぶさってくることでしょう。高齢の日の祝福を曇らせるものとして「孤独」があることを先に述べました。このことが認知症の危険と恐怖を何倍にも増幅することを、私たちは知っておかなければなりません。

また、認知症を抱えた人々に対してまわりがどのように接するか、そのわきまえも重要です。これについても先のインタビューから引用しておきましょう。

「認知症の人と接するとき、まわりの方が何かしなくてはと、あれこれ働きかけてしまいがちです。それも必要でしょうが、その人が何を求めているか、まわりの人が耳を傾けてその人の声をよく聴き、尊重することが大切です」

「同情ではなく共感することです。かわいそう、などと思うのは上からの姿勢。そうではなく同じ目の高さでいてほしいと思います。軽んじることなく、さりとて特別扱いせず、寄り添うこと、語り合うことが大切です」

「本人を一方的に支えられる人にせず、役割を持たせてください。何でもまわりの人がしてしまうのではなく、その人が一人ではできないことだけをサポートしてください。その人なりの役割があり、それを果たしてほめられることが生きがいにつながります」

短いいくつかの言葉の中に、認知症と取り組むうえでの基本的な心得が見事に要約されています。そして「傾聴と共感をもって接し、役割を託して働きをねぎらう」という一連の心得は、認知症ケアだけでなく家庭での子育てや職場でのコミュニケーションなど、人間関係一般に通じる大原則でもあります。

高齢期に入り、自分自身も認知症に見舞われる不安を抱えながら、先輩たちの介護にあたる機会が増える中で、私たちは人と人とが互いに尊重し合いながら暮らしていくという、人生の課題の総仕上げをしているのかもしれません。

数々の教えを残し、長谷川和夫先生は二〇二一年に満九二歳で旅立っていかれました。

「長寿の時代には誰もが認知症に陥る可能性がある、認知症になっても大丈夫な社会をつくることが大切」と訴え続けた生涯の、見事な締めくくりでした。

認知症と信仰

教会や関連団体で行われる老いに関するアンケートを見るとき、多くの人が異口同音に不安を覚えるのが認知症と信仰の関連です。人生をかけて培ってきた頼みの信仰が、認知症に陥ってしまったら台無しになるのではないかという不安です。

若いときから暗唱してきた聖句を忘れてしまい、祈ることも賛美歌を歌うことも怪しくなっては、神さまを賛美し礼拝することなどできなくなるのではないか、自分の身の回りのこともおぼつかないありさまでは、何の奉仕もできなくなるのではないか、そうしたさまざまな不安を多くの人が記しています。

先に紹介した長谷川和夫先生は少年時代に洗礼を受け、生涯にわたって信仰を守ってきたクリスチャンでした。長谷川先生なら「認知症は信仰の本質を少しも損なうものではない」とおっしゃったに違いありません。そう言い切れる理由があります。

もしも信仰の本質が、私たちの聖書についての知識や神学的理解の総和であったり、教会内外での奉仕の働きの大きさで測られたりするのなら、それらは認知症の進行とともに確実に朽ち衰えていくでしょう。しかしそれらは信仰の結果であって原因ではなく、信仰を豊かにするものではあっても信仰を成り立たせる根拠ではありません。そのことを私たちは日頃繰り返し学んできたのではなかったでしょうか。

信仰の根拠は私たちの努力や行動にあるのではなく、罪の中に深く沈んでいる私たちを何としても救おうとする神の意志と、その現れであるキリストの十字架にあるのです。私たちの賛美や礼拝、学びや奉仕はそうした恵みに対する応答であって、信仰の源や原因ではありません。認知症は私たちの応答の能力を損なうことはできても、神さまの救いの意志を髪の毛一本ほども損なうことはできないでしょう。それどころか認知症に悩む私たちに対して、神さまの憐れみはいよいよ強く働くに違いありません。

長谷川先生が「認知症になったからといって、別な人になるのではない」とおっしゃったとき、私たちの存在の根本に関わる信仰の問題を当然そこに重ねていらしたはずです。「認知症で信仰が損なわれるなんて、そんな心配はいりませんよ」という先生の声が聞こえてくるようです。

長谷川先生と同じ年に天に召された、若井晋《すすむ》さんという方があります。脳神経外科医として臨床にあたる傍ら、東大教授として国際保健学を講じて貴重な活動を行っておられましたが、五四歳の若さで若年性アルツハイマー病となり、数年後には退職を余儀なくされました。当初は自分の病気を受け入れることができず、物事への興味や意欲を失って過ごしていたと言います。しかし、同じく認知症当事者であるイギリス人クリスティーン・ブライデンの講演を夫人と共に聴いたのがきっかけで姿勢が一変し、その後は自身の病を公にするとともに活発に講演活動を行うようになりました。その歩みは、夫人である若井克子さんの筆によって公刊されています（『東大教授、若年性アルツハイマーになる』講談社）。プロローグで、著者は以下のように書いています。

認知症とともに生きていくのは、容易ではありません。でも「認知症になったら人生は終わり」とか、認知症を「恥ずかしい病」などと考えるのは誤りです。
たとえ病んだ身でも、そこに宿る命は神様が与えてくださったもの。であれば、何らかの意味があるに違いありません。精いっぱい生きるのが人の務めであり、そうするだけの価値が人生にはあると思うのです。

若井先生ご夫妻のその後の二人三脚が、意味も価値もある旅路であったことは、右の本の中によく記されています。密度の高い一三年間の足取りの中で、お二人が何をきっかけにどう変わり、病と付き合えるようになったか、そのありのままの貴重な記録です。

エピローグには、次のように書かれています。


晋の死に接しても、プロローグに書いた私の考えは変わらない。

彼は若年性アルツハイマー病になって、知識を、地位を、職を失った。

それが世間からは、冒頭で書いたように「天国から地獄に落ちた」ように見えるのだろう。

だが私には、むしろ、すべてを失ったことで「あるがまま」を得て、信仰の、人生の本質に触れたように感じられるのだ。


「本質」とは何でしょうか。目で見ることができ、従って時とともに移ろい変わる「現れ」に対して、目で見ることはできないけれども時を経ても変わらず、従って朽ちることのないものが「本質」です。

私たちの容姿はもとより、知識も地位も職も当然ながら移ろい変わる一時的なものに過ぎません。それらを豊かに持っている限り、私たちはそうした現れに目を奪われて〝本質〟に心を向けることが難しいでしょう。若井先生もまた、人並みはずれて豊かな才能をお持ちであったためにかえって見えなかった本質が、そうしたものを次々に失っていく中でかえって露わに輝き出てきた、そのことを著者は証ししているのです。

認知症にはなりたくない、多くの人と同様に私もそう思います。けれどもこうした先人たちのおかげで、認知症になったらなったで何とかなるし、そこでかえって豊かに与えられるものもきっとあるだろうと信じることができます。

「時を経ても古びないもの、時を超えて新しいもの」について本書の最後に触れるのですが、若井晋さんの足跡はまさにそのような本質へと立ち帰っていく道程といえるでしょう。

周囲の心得——人として向き合うこと

長谷川和夫と若井晋、二人の先達が身をもって示した晩年の姿は、認知症に限らず老いと取り組むための多くのヒントを与えてくれています。当事者の心がけや努力だけでなく、これを理解し支える周囲の配慮が必要であるということ、その方向から少し考えてみましょう。

再び若井克子さんの著書（『東大教授、若年性アルツハイマーになる』）から引用します。

晋はときどき「僕は人扱いされていない」とこぼすことがありました。

２０１０年、私たちがＪＣＭＡ（日本キリスト者医科連盟）の総会に出席した際、こんな出来事があったのです。

駅から目的地まで遠いので、参加者みんなでそろって、バスに乗ったときのこと。そこにいたのは、ほとんどが晋の知人ばかりでした。晋がバスのステップに足をかけると、大きな拍手が起こりました。

彼が病を公表した、その勇気に敬意を表してのことでしょう。

私は素直にうれしかったのですが、いざ会場へ着いてみると、晋に話しかけてくる人はほんのわずかなのです。

どのように近づいて、何と声をかければいいか、わからなかったのでしょうか。


この出来事からだいぶ後のことですが、晋の友人数人が、わざわざ自宅にお見舞いに訪ねてくださったことがあります。

「やあ、元気そうじゃないか」

開口一番、皆さん口々にそう話しかけてくれるのですが、そのあとは晋に関係のない話ばかりをして帰って行かれました。

見舞客が去った後、晋はこうつぶやいていました。

「たいへんだったなあ、と一言、言ってくれればよかった」

近所を散歩しているとき、よく見かける年配の女性がいました。

その人が晋を見て、

「ああ、あんなふうには、なりたくないものだ」

と大声で言っていたこともあります。

そんな人ばかりではなく、もちろん親切に話しかけてくださる方もいるのですが、晋のほうは見ないで、私ばかり見て話すので、私はやるせない思いに駆られました。


ここに紹介された三つの場面はそれぞれ微妙に異なったテーマに関わるものですが、一つ共通していることがあります。それは人々が認知症に陥った若井先生を直接の関わりの対象として見ていないことです。少々乱暴な言い方をすれば、人として見ていないのです。

行動に対して喝采しても本人には話しかけないこと、本人を前にして本人には関係のない話ばかりすること、「あんなふうにはなりたくない」などと聞こえよがしに言うこと、本人を見ないで隣の夫人にばかり話しかけること、いずれもそこに本人がいると思ったらできないないことでしょう。存在が目には見え頭ではわかっていても、見る人の心の中から既に相手はいなくなっています。

若井夫人が書いておられるように、どのように声をかけてよいかわからなかったのかもしれません。あるいは明日の自分をそこに見て、直面するのを恐れたのかもしれません。しかしどのように言い訳しても、「認知症」という装いに目を奪われてその人の存在を見失っていることに違いはありません。そしてこのことは、認知症だけでなく精神障害の当事者やハンセン病の患者さんに対する周囲の態度に通じるものであり、あらゆるスティグマ（特定の個人や集団に貼られる負のレッテル）と差別の根底にある心理と基本的には同じです。

とりわけ残念なのは、会の参加者にしても見舞いの友人たちにしても、認知症の問題や若井さんの境遇に関心を持つからこそその場にやってきていることです。それなのに肝心の瞬間に若井さんから目をそらしてしまったため、かえって本人と御家族に「人扱いされていない」という寂しさを感じさせることになりました。認知症の有無にかかわらず高齢者に接する際には、こうしたすれ違いが起きがちではないでしょうか。

こうしたことを防ぐのに役立つ、具体的な工夫を提案しておきましょう。

一、相手の名前を呼んで話しかけること

二、相手の目を見て話すこと
三、親しい間柄では、握手したり手を握って話したりすること

この三項目を心がけるだけで、「目の前の相手を見ない」ことはかなり予防できそうです。これらはもともと日本人が苦手とするところで、そのために日本人はずいぶん損をしてきました。高齢者との（あるいは高齢者同士の）つきあいを通して、少し脱皮を図ってみたらどうでしょうか。

行動面でのこうした工夫に加え、高齢者と接するときにぜひ心がけたいのは、相手が生きてきた時代や背景に対する理解を持つことです。そのためには少しだけ想像力を働かせ、必要に応じて勉強や調べもしなければなりません。

ずいぶん前のことですが嘱託医として勤務していた特別養護老人ホームで、ある八〇代の男性入居者の診察を頼まれたことがありました。「視力・聴力ともに落ちているうえ意味不明の発言が多く、会話が成り立たない」という報告に担当者の困惑ぶりが伝わります。入所時の申し送りを見ると「大のプロ野球ファン」と書かれていましたので、試しに居室を訪問して耳元で「野球」という言葉を繰り返すと、やおら顔が輝きました。ひいきのチームを尋ねたところ堰《せき》を切ったように話し始めたのです。

「西鉄、西鉄ライオンズじゃ。地元じゃったき、平和台にはよう通うたばい。稲尾どんがジャイアンツをやっつけてのう、神さま仏さま稲尾さま……」

年配の方々には説明無用でしょう。球史に残る昭和三三年の日本シリーズの様子を、男性は博多弁で滔々《とうとう》と語りはじめたのです。この一事だけで男性の様子が大きく変わったわけではありませんでしたが、彼に対するスタッフの印象は一変しました。

実はそれ以前にも男性は同様のことを口にしていたのですが、関東出身の若い担当者にとってライオンズといえば西武ですから「ニシテツ」という言葉がわからず、「稲尾どん」というお国訛《なま》りも謎の丼物としか聞こえず、そのため「意味不明の発言」で片づけられていたのでした。

似たようなことは至るところにあるでしょう。年寄りの言うことはわからないと決めつける前に、わかろうとする工夫と努力を少しだけしてみてほしいのです。相手を人として尊重する姿勢は、そうした具体的な努力によって示されるのですから。

このホームの利用者の語りは私にとっては宝の山のようなものでした。いずれあらためてご紹介できるのを楽しみにしています。

社会のわきまえ——皆が生きやすいように

「障害」という言葉を聞いて、皆さんはどのようなイメージを抱くでしょうか。社会福祉などの領域では、この言葉の意味するところは過去数十年間に大きく変化しました。要約するなら、「その人自身の身体に存在する欠け」が障害であるとする考え方から、「そうした事情を不便や不自由に直結させてしまう社会のあり方」に注目のポイントが移ったといえるでしょう。

たとえば足のケガで歩けなくなった人がいたとしても、車椅子を使うことによって移動する能力は回復できます。けれども道に階段や段差があったり、電車やバスが車椅子に対応していなかったりすれば、依然として外出は困難になってしまいます。こうした場合、以前はケガで歩けないことそのものが「障害」とされたのに対して、階段・段差や公共交通機関の対応の欠如こそが「障害」と考えられるようになってきたということです。こうした考え方の延長上に、ノーマライゼーション（障害者や高齢者などが他の人々と平等に生きられるよう社会基盤や福祉の充実を図る考え方）やソーシャル・インクルージョン（社会的包摂）という概念が生まれてきています。実現はまだまだ先であるとしても、こうした考え方そのものは既に世界標準になりました。

　こうした歴史的流れの中で考えるなら、老いに伴う心身の能力の低下を自覚したときにも、高齢者が肩身の狭い思いをする必要はないことがわかるでしょう。いかなる困難を抱える人も排除せず、誰もが平等に参画できる環境づくりを目指すのが社会的包摂の考え方です。老いを自覚したとき、そんな自分にとって生活しやすい環境整備や対応を求めることは、わがままではなく正当な権利の主張です。そうした主張の蓄積は、今の若者たちがいずれ老いの日を迎えたとき、彼ら自身の利益となるに違いないのです。

「はじめに」で紹介した柏木哲夫先生の著書『「老い」はちっともこわくない――笑顔で生きるための妙薬』に、次のような名言があります。


　人の尊厳と伝統を重んじる社会では、老人の地位は高いのです。しかし「強さと生産性」に価値をおく社会では、老人は肩身が狭い。老いは、強さと生産性の対極にあるからです。日本は、物質的には豊かになりましたが、日本人の心は貧しくなってしまいました。昔、しっかりと存在したいたわりの心は今、小さくしぼんでいます。心の貧しさの犠牲になるのは弱者と老人です。

　このように高齢者がのびのび堂々と老いの日を楽しんでいられるかどうかは、私たちの社会が人の尊厳を重んじているかどうかの試金石なのです。胸を張って老いていこうではありませんか。

　ついでながら、これは自戒を込めて記すのですが、超高齢者の健康問題に関して医者がともすれば「お年だから」で済ませようとするのはよくないことです。

　私の父はもともと非常な健脚でしたが、九〇代に入ってさすがに脚力の衰えを自覚するようになりました。そのことを整形外科医などに訴えるとき、医者の口からしばしば出てくるのが「もう九〇歳なんだから」という言葉です。伏せられた下の句は何なのか、「ぜいたくを言いなさんな」とか「諦めなさい」などと、突き放すようにも聞こえてしまいます。

　父は年齢や健康に不足を言っているわけではありません。ただ自覚される脚力の低下に対して「何か良い方法があれば教えてほしい」と質問しているのです。それならば相手が何歳であろうとかかわりなく、質問に応じた答えを誠実に返すのが医者の役目というものです。

　九〇代の超高齢における運動の功罪について、医者が教わってもいないし経験してもいないということはあるでしょう（私も教わったことがありません）。そうであれば「九〇歳なんだから（仕方がない）」と言う代わりに、「この年齢における脚力強化については経験も前例もありません。医学史に前例のないことを、一つご一緒に工夫してみましょうか」とでも言ってみたらどうでしょうか。

人類史上未曾有の事態に、力をあわせて取り組んでいくのだという連帯感が、私たちの社会に生まれてくることを心から望みます。そうすればこのピンチを一転して大きなチャンスに変えることができるでしょう。皆が生きやすいように、皆の知恵を集めていくのです。

第二章

「老い」を見直す世界の流れ

「老い」の二面

この章では、「老い」についての考え方の変遷と新しい流れについて見ていきたいと思います。「老いる」とはどういうことか。まずは型どおり手元の国語辞典（三省堂『大辞林』第三版）をあたってみましょう。

年をとる。年をとって心身が衰える。
（動植物が）盛りを過ぎる。
季節が終わりに近づく。

これが「老いる」という言葉の辞書による定義です。私たちの日頃の実感とも重なるものでしょう。当事者を対象としたアンケートでも同様のことが異口同音に語られます。

問　あなたにとって「老い」とは何ですか？
答　これまでできたことができなくなっていくこと

心身の能力が落ちること
生命が衰えていくこと、等々

確かに「老い」は悩ましいことです。成長期には、昨日よりも今日、今日よりも明日という具合にぐんぐん能力が伸びていったのと正反対に、目も耳も腕も脚も時間とともに確実に衰えていくのです。努力や工夫によって衰えるスピードを鈍らせることはできるでしょうが、変化の方向を逆転させることはできません。

そもそも「老」という字は腰の曲がった高齢者の姿からつくられた象形文字だそうで、そう考えるとこの字を見るのも嫌になってきそうです。しかし、「老」の字にはもっと違った使い方もあったはずです。

そこで気をとり直して、辞書をたどっていくと、果たしていろいろ出てきました。

たとえば「老兄」や「老師」は必ずしも高齢を意味せず、年上の友人や先生を敬って呼ぶ言葉です。儒教の尊ぶ「長幼の序」が背景にうかがわれます。

「老鶯《ろうおう》」は春を過ぎ夏に鳴くウグイスのことで夏の季語になっており、その声は大きく流麗だとか。年の功の一例でしょうか。

「老兵」は「ベテラン」という英語の訳語でもあり、実年齢にかかわらず実戦経験の長い古参兵を指します。経験豊かなベテランがどんなに頼りになるかは、プロ野球ファンなら誰でも知っているでしょう。

「老獪《ろうかい》」や「老猾《ろうかつ》」は「ずるがしこい」という意味があり、褒め言葉としては使いにくいものですが、ここでも「老」は年齢よりも経験を指しています。「老巧」や「老功」そして「老練」になれば、良い意味がはっきりしてくるでしょう。いずれも経験を積んで熟達することを意味します。その結果として完成の域に近づくことを「老成」と呼び、歳に似合わず大人びていることへの賛辞としても用いられました。

こうした用例が示すとおり、「老」の語は決して古びて衰えることばかりを指すものではなく、経験によって練りあげられ完成に近づく、円熟の境地を現すものでもあったのです。思い当たるところはいろいろあるのではないでしょうか。

「老い」の意義を見直す最初のヒントは、このあたりにありそうです。

流動性知能と結晶性知能

「老」という字は加齢に伴う衰えを指すばかりでなく、経験の蓄積に伴う成熟や熟練をも意味すること、それはたとえば人間国宝などに指定される卓越した技芸の持ち主が、高齢に至っても衰えることなく進歩を遂げつつある姿から実感されます。そうした終わりなき成長が可能であることを根拠づけ、希望を与えてくれる話が心理学の方面から聞こえてきていま す。それは他ならぬ知能というものの特性に関わる話です。

私たちは日頃「知能」という言葉で一括りにしていますが、人の脳の働きはきわめて多面的なもので、知能にしても決して一律一様ではありません。たとえば、流動性知能と結晶性知能を区別する有力な考え方があります。

流動性知能とは、計算や記憶といった機械的な作業を遂行する能力のこと、脳の働きのうちコンピューターに代行させることができるものといってもよいでしょう。「知能」と聞いて私たちが真っ先に考えるのはこうしたもので、これは確かに加齢とともに低下していきます。しかもその低下が始まるのは案外早いのです。

その昔、私は可愛げのない子どもで、親戚の大人をつかまえてはトランプの神経衰弱を挑むのが好きでした。大人たちはどういうわけか覚えが悪く、一度あけた札を何度も繰り返しあけているので、順番が回ってくると札はみんな私のものになりました。それで自分は記憶力がよいのだと思っていましたが、これは勘違いというもので実はごく普通の子どもだったのです。時は移って大学生になったある日、幼い従弟に神経衰弱を挑まれ、胸を貸してやるつもりで相手をしたら手もなく負かされました。機械的な記憶に関して成人は子どもにかないません。流動的知能の低下はそのぐらい早く始まっています。

一方、これとは違った知能の働きがあります。総合的な判断、人の心への理解と共感、道徳、創造性などをつかさどるもので、こちらは結晶性知能と呼びます。そして結晶性知能は特に病気などをしない限り、最晩年まで成長の可能性があることがわかってきました。水晶やダイヤモンドが単純な分子の結晶として成長するように、時間をかければかけただけ大きく美しく育っていく、そのような意味合いが「結晶性知能」という言葉に託されているのでしょう。

その実例としてよく引かれるのは、歴史上の偉大な文学者が、代表的な傑作を晩年に完成させていることです。たとえば『ドン・キホーテ』はスペインの作家セルバンテスの作品ですが、特に傑作とされる後編が完成したのはセルバンテスが亡くなる前年、六八歳のときでした。今日の感覚では「まだ若い」と思われるでしょうが、日本では徳川時代の初めに当たる一六〇〇年代初頭のことですから、まぎれもない老年期の作品です。

もう一つの例はゲーテの『ファウスト』です。その第一部はゲーテが五九歳のときに発表されましたが、この天才詩人は後半部分の推敲を飽くことなく続け、ようやく第二部が完成したのはゲーテ八二歳、これまた亡くなる前年のことでした。その長い老年期を通して作品を磨き続け、その作業が終わったとき作品の主人公と同じく「時よ止まれ、お前は美しい」と心につぶやいて地上の人生を終えたのです。

こうした例は、老年期が下降と停滞の時期であるという私たちの思い込みを、痛快に吹き飛ばしてくれます。こんな天才たちと比較されたのでは荷が重いと言われそうですが、そんなことはありません。大きさや華々しさは問題ではないのです。それぞれの人生の中で手塩にかけて育んできたものが、いよいよ完成して豊かな実を結ぶ恵みの季節が私たちを待っている、そのことが大事です。

私たちの計算力は早くから下り坂をたどり、私たちの記憶力は時とともに頼りなくなっていきます。これに対して、生活者としての私たちは年を追って思慮深くなり、信仰者としての私たちは歳とともに砕かれて謙虚になっていくことができる、そのことを結晶性知能という考え方は示しています。

エイジングという発想

結晶性知能という考え方が教えるとおり「老い」のプロセスには見るべきものがあり、老境に至ってもただ衰えるのを甘受している必要はないのだということを人類は発見しつつあります。伝統社会において老人の知恵が尊重されていたことを思えば「再発見」というべきかもしれません。科学技術の発展とともにいったん価値下げされた「老い」の意義を見直す発想の再転換が進行中です。

そうした再転換に関わる言葉や概念をいくつか紹介したいと思います。まずはエイジングという言葉から始めましょう。

エイジングはもともと英語の"aging"です。"age"には「年齢」という名詞とともに「歳をとる、齢《よわい》を重ねる」という動詞の用法があり、その名詞形がエイジングです。「エイジング」およびその訳語である「加齢」という言葉は、日本語の中にほぼ定着しているようですが、一九七〇年代の後半に初めてこの言葉を知ったときは新鮮な驚きを覚えたものでした。

「老化」という言葉には、衰えや後退のイメージがつきまといます。それに対して「加齢」の方はより中立的で、時間の経過とともに人の心身に現れる変化をすべて取り込む包括的な意味合いがあります。子どもの成長も、思春期・青年期から壮年への移行も、いずれも加齢の一部です。母体内での赤ちゃんの成長は普通は加齢とは呼びませんが、厳密にいえばこれも加齢です。そのように人生の始めから終わりまで、時の移ろいとともに絶えず変化し成長を遂げていく人の生涯の大きな流れをエイジングの考え方は指し示しています。「老化」という局所的で一面的な見方を離れ、より大きな視点から老いを考える余地がそこに生まれてきます。

エイジングの考え方は、私たちの時間的な展望を延伸させてくれるとともに、人生の視野を広げてくれるものです。幼い子どもや若者の成長を見るとき、私たちは「いつの間にこんなに大きくなったの」と感動し、それに続けて「こちらが歳をとるはずだねえ」などと言います。そんなとき、自分自身の老いを実感するとともに、同じ現象の別の側面として若者の成長があることを知るのです。それは時がもたらす大きなプロセスの両面であり、必然的に連動する一つの出来事です。

私たちが属する共同体を一つの大きな生命体と見立てるとき、この生命体もまた絶えざるエイジングの歩みの中にあることに気づきます。若者を成長させる力と、高齢者に歳をとらせる力は同じものであり、私たちの力が衰えたその分だけ若者たちの力は増していきます。そしてその若者たちも、遠からず同じ感慨をもってさらに若い者たちの成長を見ることになるでしょう。振り返れば私たち自身、幼い日々に先達のそのような感慨に祝福されながら成長してきたのでした。

二〇代で教会に通い始めた頃、よく声をかけてくださった女性がいました。「あなたは若くていいわねえ。『君は春秋に富み、臣は漸く老いたり』ねえ」と菅原道真の古詩を引用しながらおっしゃった気持ちが今にしてわかります。

このように「老化」から「加齢」への言葉の転換は単なる言い換えではなく、ものの見方の根本的な変更すなわちパラダイムシフトを含むものです。たとえば私たちのテーマである「老いと祝福」を、「エイジングと祝福」と読み換えてみることもできるでしょう。

序章で論じたとおり、エイジングのあらゆる段階で主の恵みが私たちと共にあることこそ私たちの祝福なのです。

離脱から超越へ

エイジングという言葉の導入は人々の発想の転換を促し、単なるエイジングからさらに一歩進めて「サクセスフル・エイジング（successful aging）」という考え方が提唱されるようになりました。またしてもカタカナ言葉で恐縮ですが、こうした重要な考え方が海外から発信されてきた実情がそこにうかがわれます。超高齢化の先頭を走っている日本の社会から、世界を引っ張る独創的な考え方が出てきてほしいものです。

サクセスフル・エイジングは成功裏に年をとっていくということですから、実り豊かな加齢のプロセスとでも訳せるでしょうか。老化が単なる衰退ではなく、加齢という前向きの歩みであるからには、確かな収穫の手応えがそこにあるはずです。老年学（gerontology）という学問領域が確立され発展していく中で、サクセスフル・エイジングの具体的なあり方がさまざまに探求されてきました。

一九六〇年代早々のアメリカで最初に提唱されたのは「離脱理論」と呼ばれるものでした。これは「高齢になったら騒がしい都会を離れ、田舎で静かに暮らすのが理想」といった考え方です。老いに伴う心身機能の低下や気持ちの変化を前提として、それまでの壮年期の生活の場や生活様式を離れ、老いにふさわしい暮らし方を見いだすのがよいというものでした。

次いで一九六〇年代の終わりに提唱されたのが「活動理論」であり、これは離脱理論に対抗して「年齢にかかわらず活躍し続けることこそ理想の老い方」であると主張しました。おそらくアメリカではこの頃から健康寿命の延伸が顕著になり、離脱理論に納得しない人々が増えてきたのでしょう。

やや遅れて一九八〇年代の後半あたりからは「継続理論」が登場します。これは「中年期までに築いてきたライフスタイルを継続できることこそ望ましい」と考えるものでした。活動か離脱かの二者択一ではなく、それぞれにあった老い方があるとする点で、個性を尊重する現代の流れに適っているように思われます。ただ、人によっては、中年期までの多忙でストレスフルなライフスタイルを修正し、心置きなく離脱することを望む人もあるかもしれませんから、話は簡単ではありません。

このような理論的変遷を見ていくと、万人に共通な唯一の正解はないものだとつくづく思います。

サクセスフル・エイジングを考えるにあたってもう一つ重要なのは、人生百年時代における老年期は三〇年を超える長いものとなり、その始めと終わりでは健康状態や人間関係も相当に違っている場合が多いことです。

この長い期間をたとえば三つに分けて過ごし方を変えていく考え方があります（東京大学出版会刊行、東京大学高齢社会総合研究機構編『東大がつくった高齢社会の教科書』より）。すなわち、おおむね七〇代半ばまでは中年期と変わらぬ高い自立度を保ち（ステージ一）、その後は八〇代にかけて緩やかに自立度を下げていき（ステージ二）、最終的には医療や介護の手を借りながら暮らしていく（ステージ三）というものです。これについても男女差もあれば個人差もありますから、あくまで目安と考えるべきでしょう。

要は事情や個性に応じて、それぞれにふさわしいライフスタイルを模索するということに尽きますが、老年期が衰退の時期として十把一絡げにくくられるような時代でなくなっていることは間違いありません。

ところで、老年期の意味づけについてはもう一つ、ぜひ知っておきたい大事な考え方があります。それは「老年的超越」と呼ばれるもので、一九九〇年頃にスウェーデンの社会学者トルンスタム（Tornstam）が提唱して話題になりました。二〇一七年に刊行された書籍（『老年的超越――歳を重ねる幸福感の世界』〔ラーシュ・トーンスタム著、冨澤公子／タカハシマサミ訳、晃洋書房〕）によれば、老年的超越とは物質主義的で合理的な世界観から、宇宙的超越的非合理的な世界観への変化が高齢期において高まることを指しています。言葉は硬いのですが、ピンとくるものがあるのではないでしょうか。

トルンスタムは老年的超越の内容を宇宙的意識、自己意識、社会との関係という三つの領域に分けて解説しています。

宇宙的意識とは、自己の存在や命が過去から未来への、大きな流れの一部であるという意識のことです。宇宙という大きな生命体とのつながりや、過去および未来の世代とのつながりを強く感じるにつれ、死と生との区別が曖昧になり死の恐怖が薄れていくというのです。

自己意識の領域では、自分の欲求を実現しようとする自己中心的傾向が弱まり、自分の主張や身体的な健康に対するこだわりが低下するとともに、他者を重んじる利他性が高まるとされています。

社会との関係では、過去に持っていた地位や役割に対するこだわりがなくなり、狭くても深い対人関係を結ぶようになること、あわせて経済面にせよ道徳面にせよ社会の一般的な通念をそれまでほど重視しなくなることが指摘されています。

トルンスタムは前述の離脱理論のほか、精神分析の考え方や禅の教えを参考にして老年的超越理論を構築したといわれます。なるほどと思われるところがあるでしょう。

日本では増井幸恵氏が日本老年医学会の雑誌で老年的超越理論を紹介するとともに、日本の高齢者を対象として実証的な調査を行っています。その結果、都市部の虚弱な超高齢者を対象とした調査においては、おおむねトルンスタムと同様の傾向が確認されるとともに、日本人らしい特徴も見られたといいます。

たとえば宇宙的意識の領域では時空に関する非合理的な感覚よりも、むしろ先祖や未来の子孫とのつながりを強く感じるようになること、自己意識の領域では利他性の増大ばかりでなく、あるがままを受け入れ自然の流れに任せるという特徴が見られること、社会との関係では他者への依存を肯定するという非活動的な志向性が認められることなどです。

老年的超越理論は、「老い」の理論としても比較文化論としても大変おもしろい内容を含んでいますが、何より魅力的なのは「高齢者はかくあるべし」という天下りの主張ではなく、現実の高齢者の観察に基づいて提唱されていることです。日本における先の調査も「虚弱な超高齢者」を対象としたものであり、まさしく「老い」の困難のただ中にある人々との、しなやかな適応の様子を伝えているものといえるでしょう。私自身も周囲を見回して思い当たるところがあります。

冨澤公子氏は奄美群島の超高齢者を対象とする調査を行い、老年的超越の形成過程をそこで検証しました。トルンスタムや次に紹介するエリクソンは北欧の人、その理論が南の島々で検証されるという大きな広がりに、老いの日々の宇宙的な意義が現れているようです。

エリクソンと統合の季節

エリク・エリクソン（一九〇二～一九九四）は魅力的な人物です。「エリクソン」という苗字はもともと「エリク（EriK）の息子（son）」という意味ですから、エリクの息子であるエリクということになりますが、実際には父親が誰であるかわかっていません。ユダヤ系デンマーク人の母親は、息子に父親の名を生涯明かさなかったと言われます。ドイツで育った少年時代には、ユダヤ人コミュニティーでは北欧系として、ドイツ人コミュニティーではユダヤ系として二重に疎外されましたが、そうした生い立ちから逆に特定の文化背景のないコスモポリタン（国際人）として成長していきました。

ナチスが台頭してきた時代にアメリカに逃れたエリクソンは、精神分析家として活躍する傍らアメリカ先住民などを対象としたフィールドワークを行い、やがて発達心理学の分野で世に知られるようになりました。多岐にわたるエリクソンの発見と思想は、一つの図式にまとめた形でよく知られています（左ページ）。

漸成的発達図式（epigenetic chart）などと呼ばれるこの図式は、人の一生を段階を踏んで成長していくプロセスと見なします。いわゆるライフサイクルの考え方ですが、その一つ一つの段階にエリクソンの発見と創意を見てとることができます。

たとえば乳児期の達成課題として、彼は「基本的信頼の形成」を挙げました。青年期の課題としては「自己同一性（アイデンティティー）の獲得」を挙げています。いずれも健やかな人格形成のために必須のキーワードとして、心理臨床や教育にあたる人々に広く共有されています。

これだけでもエリクソンの功績は甚大なものでしたが、それらに劣らず画期的だったのは、老年期に対してきわめて積極的な意味づけを与えたことです。エリクソンは、老年期固有の達成課題は「統合（integrity）」であると考えました。そして、その課題を遂行する力は「英

老年期								統合 ー 絶望
壮年期							生殖性 ー 停滞	
成人期						親密性 ー 孤独		
思春期・青年期					自己同一性 ー 同一性拡散			
学童期				勤勉性 ー 劣等感				
幼児後期			積極性 ー 罪悪感					
幼児前期		自律性 ー 恥と疑惑						
乳児期	基本的信頼 ー 基本的不信							

漸成式的発達図式（E. エリクソン）

知（wisdom）」であるとするのです（『老年期――生き生きしたかかわりあい』エリク・H・エリクソン他著、朝長正徳／朝長梨枝子訳、みすず書房）。

難しい言葉のようですが、「統合」という言葉を「まとめあげる」と言い換えればわかりやすくなるでしょう。そして「英知」と訳されている英語の“wisdom”は深い言葉です。「頭が良い（smart）」「手際がよい（clever）」などの類義語に対して、“wise”という言葉は道徳性や精神性までも含め全人的に「賢い」という意味を持ちます。その名詞形が“wisdom”ですから、これは人として望まれる最高の資質ともいえるでしょう。そのような意味での「英知」が特別の人間だけでなくすべての人の背中を押して、老年期における「統合」の課題の達成に向かわせるというのです。

この課題は、それまでの発達段階の達成課題と無関係に並列するものではなく、先立つ人生の中で達成してきたことがらを踏まえ、それらを完成させる意義を持つものです。人生を振り返り、これを意味づけ、学んだところを次の世代に伝えていく、まさに「まとめあげる」作業です。この作業がなければ人生という物語を完結させることはできませんし、ひたむきに生きて老いの日に到達したからこそ、こうした作業ができるのです。そのように考えると、「老年期」という言葉が一転してやりがいに満ちた意義深い日々に見えてくるのではないでしょうか。回顧録や自分史をまとめたり、身辺整理や終活にいそしんだりするとき、私たちは知らず知らずのうちにこうした「統合」の作業を模索しているのでしょう。それは立派な「英知」の業《わざ》であるとエリクソンは言うのです。

エリクソンはそれぞれの発達課題に対応して、発達課題が達成できない場合に起きる危険をも列挙しています。乳児期に基本的信頼が獲得できない場合には「基本的不信」が心の底に胚胎し、青年期の自己同一性獲得に対しては「自己同一性拡散」の危険があることを指摘します。老年期の統合と対をなす危険として彼が挙げるのは「絶望」です。

この言葉にはどきりとさせられますが、避けて通るわけにはいきません。近づいてくる「死」を前にしてただ無力に立ちすくむなら、私たちは絶望にのまれてしまうしかありません。

エリク・エリクソン
©Ted Streshinsky Photographic Archive/Corbis Historical/Getty Images

罪と死を克服する十字架の信仰によって、私たちは原理的にはこの絶望を乗り越えているはずですが、それを日々の生活の中で実行できなければ意味がありませんし、実行できるはずなのです。

エリクソンが「英知」と呼んだのは、並はずれて賢い特別の人だけが備える知恵のことではなく、誠実に生きてきた人が誠実に老いの日々を過ごそうとするとき、おのずとそこに現れる考え深さのことでした。彼はフィールドワークやインタビューを通してさまざまな文化圏の多くの高齢者と接し、老年期の人々が現にそのような英知を働かせて統合の作業を行っていることを見いだしたのでした。

トルンスタムの提唱する老年的超越と同様に、エリクソンの指摘する英知も人が実際に行っていることの中から拾い出されたのです。

映画『野いちご』

私自身かなりの映画好きですが、ここで巨匠ベルイマンの『野いちご』という作品を引き合いに出すのは、エリクソンがこの作品を気に入っているらしいからです。エリクソンが夫人らと著した先述の『老年期』に関する本（『老年期 生き生きしたかかわりあい』）では、わざわざ『野いちご』の解題に一章を充て、和訳の六五ページ分にわたってそのプロット（作品の構想、筋立て）を詳しく分析しています。私の同僚である老年看護の専門家は大学院の授業の中で毎年これらを取り上げ、エリクソンの本を読みベルイマンの映画を見たうえで自由にディスカッションさせるという時間を設けています。こんな授業なら院生も指導教授もストレ

映画『野いちご』より
© Sunset Boulevard/Corbis Historical/Getty Images

スフリーで集中できることでしょう。

映画の中では老医学教授がその功績を称える晴れの集いに出席するため、車で遠路を旅していきます。その途中、懐かしい場所を訪れて回想にふけり、同乗する息子の妻との間でさまざまな会話を交わし、旅の途上で出会った若者たちに自分の若い日々を重ねるといった場面を踏むにつれ、次第に心境が変化していきます。そうした主人公の内的作業の中に、エリクソンは彼が老年期の課題として挙げた「統合」や、人生との和解の具体的な姿を見たのでしょう。

あまり種明かしをしてしまってはつまらないので、これ以上詳しくは書きませんが、少しだけ補足を。

作品はシンボリックな映像や風景に満ちており、想像力を働かせることによってどのようにでも楽しむことができますが、ベルイマン監督がこの映画に織り込んだ意味と仕掛けを十分に味わうには、少々注意力と予備知識が必要です。そして日頃から聖書に慣れ親しんでいる人々は、美術館で西洋の絵画を鑑賞するときと同じく予備知識という点でかなり有利な立場にあります。

たとえば主人公らの名前です。主人公の老教授の名はイサク、旧約聖書に登場するアブラハムの愛児です。一方、彼の恋敵となる弟はシーグフリッド、こちらはドイツ語のジークフリートに相当するゲルマン・北欧神話の英雄です。ヨーロッパ文化は、聖書に由来する一神教の信仰と思想（ヘブライズム）と、ギリシア神話に発する人間中心主義（ヘレニズム）との相克を通して成長してきたとする有名な定式を思い出すなら、イサクは前者、シーグフリッドは後者の系列をそれぞれ代表するものとして選ばれていることは明らかでしょう。そしてこの二人が争う娘の名がサラなのです。旧約聖書ではイサクの母にあたりますが、信仰の祖であるアブラハムの妻としてすべての民族の母でもあり、ここではそのような女性と母性の象徴としてその名が選ばれたのでしょう。

映画の中では、もともとイサクがサラの婚約者であったのですが、ストイックで学究肌のイサクとは対照的に、生命肯定的で野生に満ちたシーグフリッドをサラは選ぶことになります。サラが摘み集めた籠いっぱいの野いちごが、シーグフリッドの言い寄ったはずみに草原一面に散らばる場面は、白黒の画面の中にかえって鮮烈な情動の色彩を発散するようでした。

主人公イサクと息子の妻が車で行く途中、男二人と女一人の若者三人連れを拾うことになります。仲良しでありながら三角関係でもあるこの三人の名は、娘がまたしてもサラ（女優は一人二役）、青年たちはアンデルスとヴィクトールです。アンデルスはイエスの弟子アンデレ、ヴィクトールは古代ローマの勝利の女神ウィクトーリアで、ここでも両者はヨーロッパ文化の二つの源流の代表者となっています。性格的にも、聖職者を目指す良心的なアンデルスに対して、ヴィクトールは朗らかな科学の礼賛者、サラは二人の間で揺れるという構図が繰り返されるのでした。

こうしたさまざまな仕掛けに注意しながら筋立てと会話を追っていくにつれ、見ている自分自身の歴史の扉が開いていくように感じられます。心に残る映画を丁寧に見直すことを、私は今後の楽しみの一つに数えています。

ライフサイクルと四季のたとえ

エイジングという言葉が導入され、エリクソンの業績が注目されるなど二〇世紀後半あたりから、老年期に対する見方が次第に肯定的な方向へ変化してきました。あわせて人生を諸段階から成る「ライフサイクル」として見立てることが、ごく普通に行われるようになりました。

このライフサイクルという言葉はエリクソンらも多用していますが、よく考えてみるとおかしなところがあります。ライフ（人生）がサイクル（循環）だというのですから、実は「段階説」ではなくて「循環説」です。サイクルならぐるりと一周して元に戻らなければいけません。誕生から死までを経験した後、また誕生に戻るのでなければサイクルとはいえません。生まれ変わりを信じるのでもない限り、人生が「サイクル」であるとはいえないのではないでしょうか。そのように疑問を持つ人があるとしたら、まさにそのとおり、大事な秘密がそこにあります。

ライフサイクルという言葉は、もともと生物学用語でした。稲という植物を例にとるなら、種籾《たねもみ》をまいて苗代で育て、田植えを経て田んぼで成長し、秋の稲刈りで収穫され、その一部がまた種籾として次の世代を準備する、こうしたプロセスがきれいに一年周期のサイクルを描いて進みます。他の動植物でも同じことで、ある世代の一生が完了するのと入れ替わりに次の世代が出発するからこそサイクルと呼べるわけです。人間の場合も、世代の連続性を神さまの視点から俯瞰《ふかん》すれば確かにサイクルでしょうが、一人一人の人間にとって人生はサイクルではありません。始まりがあって終わりがある一回限りの直線的なプロセス、幾何学でいうなら円ではなく線分が人生です。

それにもかかわらず、エリクソンらはことさらライフサイクルという言葉を使いました。個人の視点からは人生はあくまで線分です。物事を見る視座を移し、少し上の方から私たち自身の人生を見下ろして前の世代と後の世代を視野に収めるとき、初めてライフサイクルという見方が可能になります。それは個人の視座から神の視座に近づくことでもありますが、人はそうした視座の変更を行うことができるのだし、それこそが老年期の大事な作業であることにエリクソンらは気づいていました。

そもそも自分の一生とともにすべてが終わって意味を失うのなら、老いの日々に意味を見いだすことは難しくなります。「統合」という作業は自分一個の人生のまとめであるとともに、自分が経験したものを次代に託していくことでもあります。リレー競技のバトンタッチのようなものであり、託すべきバトンを手の中で確かめるのが「統合」の一面でもあるでしょう。人生を命の連鎖と見たてるとき、初めて人生が永続的な価値を持つものになることを、ライフサイクルという言葉は示しています。

私たちの個別の命は、より大きな一つの命の一部であり、この大きな命は私たちが生まれるよりはるか昔から存在しており、私たちをかけがえのない一部として迎え、さらに未来へ向けて存在し続けていく、そうした生命観がライフサイクルに表れています。これは相当に挑戦的な考え方だと思いますが、ライフサイクルという言葉が普及しているにもかかわらず、その起爆力に多くの人は気づいていません。

ライフサイクルのこのような意味合いについて、皆さんはどう感じるでしょうか。子どもや孫との関係に重ねて、これを理解する方もあることでしょう。自分の遺伝子や経験が子どもに受け継がれ、さらには孫にまで伝わっているのを実感するとき、連続性やサイクルは認めやすくなります。逆に子や孫との関係が希薄である場合、サイクルという考え方はその分だけ受け入れ難くなるでしょう。もとより、子や孫のない方々も多いのですし、今後は増えていくことと思われます。

そうした場合、自分一代を超えた生命のサイクルを認めるには、ある種の想像力と飛躍が必要となります。たとえ自分自身の遺伝子が伝わらなくても、後に来る世代は生命の連鎖の中で確かに自分とつながっている、そのように信じられるときに、人は希望をもってサイクルについて考えめぐらすことができるでしょう。エリクソンが「英知」と呼んだ資質は、そうした視座の変更を行う静かな勇気のことを指していたように思われます。

ところでサイクルといえば、人生の諸段階を四季の循環になぞらえる考え方が昔からあります。「青春」という言葉はよく知られていますが、これはもともと中国古代の宇宙観・人生観の中で色彩や地理的構造と組み合わされ、「青春・朱夏・白秋・玄冬」という四つ組をなすものでした。

この場合、人生はこの四つ組のどこから始まりどこで終わるのか、使い慣れた「春夏秋冬」の順でよいのかどうかが、ある集まりで話題になったことがあります。そこで気づいたのは、春夏秋冬の順だとすれば人生がいきなり青春から始まってしまうということでした。青年期に先立つ時期があることを思えば、春夏秋冬ではなく冬春夏秋でなければなりません。しかしそれでは、幼年期は冬であり老年期は秋であることになります。老年期に似つかわしいのは秋の落葉から冬枯れに向かう寂しい季節ではないか、このあたりどうしても固定観念を離れることが難しくて意見が割れ始めました。

私は、冬春夏秋こそ適切だと思っています。

冬の庭や道を散歩していると、寒さの中でも命が春に向けて始動していることがはっきりわかります。樹々の冬芽は厳寒の中で少しずつふくらみ、日々確実に育っていきます。その姿は母胎内の赤ちゃんや幼児の成長にぴったり重なります。やがて迎える青春期を経て、壮年期はまさに朱夏、それならば老年期は実りの白秋でよいのです。

人生の収穫を味わい感謝しつつ、それが次代へ継承されるのを楽しむこと、エリクソンの提唱した老年期の意義は、伝統的なライフサイクル論の中にちゃんと準備されていました。

年寄りには簡単なこと

結晶性知能の働きについて考えるとき、いつも私が思い出す文学作品をご紹介しましょう。ケストナーというドイツの児童文学者がいます。『エーミールと探偵たち』『ふたりのロッテ』『点子ちゃんとアントン』など、ヒューマンでユーモアに富んだ数々の作品を残しており、ファンも多いことでしょう。

そのケストナーに『消え失せた密画』（小松太郎訳、東京創元社）という作品があります。探偵小説仕立ての痛快な作品ですが、その終わり近くの場面のこと。

若い女性秘書が、上司に託された大事な任務に失敗して、すっかりしょげかえっています。上司が慰めの言葉をかけ女性が答える、そのやりとりはこんな具合です。

「あなたはずいぶんご親切でいらっしゃいますわ、シタインヘーフェルさん」

「親切？」

かわいらしい老紳士は、びっくりして訊《き》いた。

「そうじゃありません。わたしは正しくありたいと努めているんです。これはわたしのような年寄には、たいしてむずかしいことじゃないんですよ」

二〇代前半でこの作品を読んだとき、とりわけこのくだりが強く印象に残りました。たぶん意外だったのだと思います。

人並みに正義感が強く、年長の人々が築いてきた社会秩序への疑問や、老獪《ろうかい》な大人たちに対する反発を抱えた青年時代でしたから、「正しくある」ことが年寄りには「たいしてむずかしいことではない」という言葉は、むしろ逆説的に響いたのでしょう。親切であることなら、歳とともに身につけていくこともできるかもしれませんが、正しくあろうとする意志と力を高齢に至っても持ち続けられるものかどうか。

同時に、いずれ自分が年をとっていくことが少し楽しみにも思えました。今は難しいことでも、齢を重ねるにつれてできるようになっていく、そういう希望が人生の後半に備えられているのかもしれない、と。

それから四〇年あまり、この作品を折に触れて読み返しながらいよいよ「年寄」の域に入ってきましたが、さて自分が若い頃よりも「正しくある」ことができているかどうか。

正直なところ、そんな自信は到底持つことができません。よくも悪くもそうそう変わってはいないようで、確かなのは若い頃より疑い深くなったことぐらいです。最近読み返したときにはそもそも「正しくある」という言葉が翻訳として正しいのかどうか、確かめなければいけないと思いました。翻訳者を疑うわけではなく、「翻訳するとは裏切ること」というイタリアの格言が示すとおり、どれほど誠実で正確な翻訳であってもそこに何ほどか変質が起きるのは避けがたいことを、この四〇年間に学んだからです。

普通に考えて、「正しい」と訳された言葉の原語（ドイツ語）は、“recht”（英語の“right”に当たる）でしょう。それは確かに「正しい」を意味しますが、英語よりもやや広い守備範囲を持つようで、辞書によれば「公平な」と訳すこともできます。

「わたしは公平であろうと努めているんです。これはわたしのような年寄には、たいしてむずかしいことじゃないんですよ。」

なるほど、これならいくらかわかりやすいようです。若い頃はよくも悪くも直線的であり、何かを「正しい」と思うとそれ以外のことが見えなくなりがちでした。相手の事情やそれぞれの立場を斟酌《しんしゃく》してバランスを取ることが、若い頃に比べれば少しはできるようになったかもしれません。老紳士が結果だけを見て若い秘書の落ち度を責めるのではなく、諸々の事情を考慮したうえで「よくやった」と評価したことは、ことさらな親切の発露というより、ただあたりまえのこととして公平にふるまった結果であった、そのような「正しさ」なのでしょう。

それを高齢の多くの人々が備えているとしたらすばらしいことです。そしてこのような正しさは、先に述べた結晶性知能の働きの好例ではないでしょうか。


ケストナーが『消え失せた密画』を書いたのは一九三五年のことでした。その二年前、ヒトラー率いるナチスが政権を掌握すると、ケストナーは「望ましからぬ、政治的に信頼のできない」作家として、トーマス・マン、シュテファン・ツヴァイク、エルンスト・トラーらとともに執筆を禁止され、その作品の大半が焚書に付されました。他の作家が次々と国外亡命する中で、ケストナーはあえて祖国に留まります。その苦しい時期に書かれた三冊のユーモア小説の一つが『消え失せた密画』だったのです。

そのことを考えあわせるとき、ほのぼのとした先ほどのやりとりには作家の言外の願いが込められているように思われてきます。単線的で一方的な情熱に押し流され、道を見失おうとしている祖国に対して、公平で配慮ある「年寄の正しさ」を思い起こしてほしいという願いです。世の中が極端な方向に流れようとするとき、公平で寛容な道へ戻るよう穏やかに諭すのは、年長者の大事な役割ではないでしょうか。

このときケストナーはまだ三〇代半ば、「年寄の正しさ」を身をもって感じていたわけではなく、そうした穏やかな叡智を世の中が取り戻すよう壮年の人として願っていました。二一世紀の私たちの国も、こうした高齢者の叡智を大いに必要としています。

「死生観」の残念な歴史

唐突ですが、「死生観」という言葉について、皆さんはどんな印象をお持ちでしょうか。「あなたの死生観は?」などと聞かれたら、ぎょっとする人も多いでしょう。この言葉には私たちを緊張させ構えさせる独特の響きがあります。以前、講演でこのタイトルを使おうとしたところ、事務担当者から「大丈夫ですか? そんな言葉を掲げて聴衆が集まりますか?」と心配されてしまいました。これは杞憂《きゆう》に終わりましたが、担当者の懸念もそれなりの理由のあることでした。この言葉の歴史が問題なのです。

私がこの言葉に関心を持ちはじめたのは二〇一〇年頃でしたが、この時もまずは手元の辞書で「死生観」という言葉を引いてみました。するとどうでしょう、卓上の国語辞典の代表格とされる二種類の辞書の中に「死生観」という見出しがないのです。これには驚きました。

そこで今度は図書館へ行き、三巻本の分厚い国語辞典（小学館『精選版 日本国語大辞典』）を書架から借り出して調べてみました。さすがに今度はありました。

「生きることと死ぬことについて、判断や行為の指針となるべき考え方。生と死に対する見方」と説明されています。語義はだいたいそんなところでしょうが、続いて挙げられている用例にまた驚きました。

「死生一如の境地は我が日本武士の死生観であります」とあったのです。

この用例は、一九四二（昭和一七）年に書かれたある人の随筆からとられたと付記されています。昭和一七年は日米戦争の二年目に当たる年です。明らかにこの言葉は、若者を鼓舞激励して戦場に送り出すために発せられたものでした。「死生一如」つまり死ぬのも生きるのも同じなのだから、死を恐れず戦えということ、「勝って生還せよ」ではなく「死にに行け」というもので、そのために「日本武士の死生観」を引き合いに出しているのです。こうした年長者の叱咤《しった》を背に受けて、どれほどの若者が命を落としたことか。

死生観という言葉に私たちが直感する、やりきれない暗さと禍々《まがまが》しさはここに由来しています。そして、二〇〇六年に出版された分厚い辞書がなお一九四二年のこの用例を引いている事実は、「死生観」という言葉が新たな意味を与えられて生まれ変わることなく、こうしたイメージに毒され続けてきたことを意味するでしょう。

この文脈での「死生観」の軸足は、「生」ではなく「死」に置かれています。中国や韓国の言葉にも「死生観」に相当する言葉がありますが、そちらは「生」の字が先に来るのだそうです。日本では明治期にこの言葉を使い始めた人が、仏教で用いられる「生死（しょうじ）」と区別する目的もあって逆転させたのだそうです。ただ、その時期は一九〇四〜五（明治三七〜三八）年の日露戦争の直前であり、やはり若者を戦地に送り出すことがこの言葉に与えられた役割だったのです。

「生を豊かにするために死を意識する」という考え方や、"memento mori（死を思え）"というラテン語の格言に託される生命重視の姿勢ではなく、戦場での死への恐れを紛らわすために生をことさら軽く見るという逆転した発想がそこにありました。

おびただしい死と破壊をもたらした戦争が終わった後、私たちの社会には前の時代に対する強烈な反動が起きました。上から押しつけられたいびつな「死生観」の代わりに、私たちの身の丈にあった生活者の「生死観」を積み上げていくことこそ必要だったはずですが、実際に起きたのはあらゆる「死生観」に対する拒絶反応であり、「死」そのものについて考えることを避けようとする反応でした。

高度成長期と呼ばれた時代のことを考えます。世界を瞠目《どうもく》させた目覚ましい進歩と成長を実現しつつ、日本人はわき目もふらず前へ進み続けました。過去を振り返ることや「死」について考え語ることなどはタブーであり、ひたすら前のめりに生きることが求められました。あまりにも大きかった喪失から目を背け、前へ進むことで過去を忘れようとする心理がそこに働いていたでしょう。心理学や精神病理学が「躁的防衛」と呼ぶ、喪失体験後の防衛のメカニズムに国全体が陥り、その中で「死」は見事なまでに否認されていたのです。

死の否認は医療の場にも存在していました。今から考えると不思議なことですが、ちょうど二〇世紀の終わり頃まで、わが国ではがんなどで余命を限られた患者さんに対して、病名を告知しないのが大方の原則でした。たとえば胃がんであれば、胃潰瘍などと本人には説明したうえで家族に事実を告げ、本人に伝えるかどうかは家族に委ねていたのです。そのように責任をあずけられた家族にとって、本人に事実を伝えるのは大変困難でした。家族は苦しい嘘をつき、本人はうすうす察していながら真相を知らされず、本当のことを言ってもらえない寂しさに耐えながら苦しい闘病を行っていました。

学生時代に「本当のことを言わなくていいのですか」と先輩医師らに何度か質問したところ、返ってくる答えは決まって次のようなものでした。

「日本人は欧米人と違って個というものが確立していないから、自分がまもなく死ぬなどという宣告には耐えられない。だから本当のことを言わないのが、患者に対する思いやりというものだ」。

こうした説明が欺瞞《ぎまん》であったことは、まもなく明らかになりました。ちょうど世紀があらたまる頃から、日本の医療現場では手のひらを返したように患者にすべての情報を伝えるようになりました。本当のことを伝えないと、医者が裁判で訴えられる時代が来たからです。わずか数年のうちに、これまで真実の伝達に十分に価値を置いていなかった日本の医療現場は、正反対の方向へ急激に振れました。そして「自分の死を直視することに耐えられない」と見られていた日本の患者さんたちは、この激変に見事に耐えつつそれぞれの人生を全うしていきました。今から考えれば、真実をあからさまに伝えることを恐れていたのは、患者さんよりもむしろ医師の方ではなかったかと思います。

いずれにせよ、医療現場で真実が告知されるようになったことは、敗戦後半世紀にわたって「死」を否認し、「死生観」の問題を棚あげにしてきた日本の社会と日本人に対して覚醒を促す強い一撃となりました。私たちはあらためて死と向きあい、自らの死生観を問うことを迫られたのです。

高齢期と死生観

「死」について語ることがタブー視されていた二〇世紀後半のわが国でも、それを乗り越えようとする動きは少しずつ現れてきていました。

ドイツ人司祭のアルフォンス・デーケン師（一九三二～二〇二〇）は、一九八〇年代から「死の準備教育」を提唱して日本の社会に死生学の重要性を訴えるさきがけとなりました。同じ頃から聖隷三方原病院や淀川キリスト教病院において日本初のホスピス活動が始まり、次第に広がっていきました。そのような動きがあったところへ、がんの告知や臓器移植など医療の側からの要請があって、日本人は否応なく死の問題に直面することになったのです。

こうした変化と歩調をあわせるように、日本社会の超高齢化が進んできました。高齢化もまた、死や死生観への直面を促す重要な背景となりました。社会の一線を退いて以後の寿命が著しく延伸したことは、人生の終わりを意識しながら過ごす時間が劇的に長くなったことを意味します。そのような日々にどのような意義を見いだすか、いわば死に向けての「傾向と対策」を練ることが誰にとっても必要になりました。がん末期の患者さんのように切迫していなくても、取り組むべき課題は基本的に同じ性質のものだからです。

このように「死」と「死生観」に社会が向き合うようになってきたことは、私たち高齢者にとっては好都合なことでしょう。死がひたすら疎まれ否認されていた時代には、老年は死の前段階であり老人はそうした最終段階にある者として、「死」ともろともに疎まれる恐れがありました。しかし、「死」と「死生観」が社会全体の課題になるならば、この問題に日常的に取り組んでいる高齢者の言葉に、耳を傾けないわけにはいかなくなります。逆に、高齢者の課題を皆が共有するようになったということもできるでしょう。

そうした今日の流れの中で注目してみたいのが、「デスカフェ（death cafe）」という活動です。デスカフェは文字どおりお茶を飲みながら歓談するような心安さで、死について率直に語らおうという活動です。スイスの社会学者クレッタズが一九九九年にこれを始めたきっかけは、愛妻の死であったと言われます。深い喪失に見舞われ、彼はそのことを誰かに話したいと思ったのに、現実には話せる場所や相手がないことに気づきました。日本の社会の「死」に対する強い否認について先に触れましたが、「死」がタブー視される傾向は日本に限ったことではなく、程度の差こそあれスイスでも存在していたことがうかがわれます。

こうして芽生えたデスカフェの活動は、二〇一一年にイギリスのジョン・アンダーウッドがインターネットサイトを開設したところから大きく発展しました。アンダーウッドはインターネット記事やインタビューの中で、「特定の結論を目指すのでなく、ともかく死をタブー視せず死について話し合うこと」を繰り返し主張しています。「無批判の語り合い・分かち合い」という手法は、アルコール依存症者の断酒会をはじめとする精神疾患の当事者活動に通じるもので、その重要性と効果があらためて痛感されます。

アンダーウッドは活動のきっかけとなった自身の病気のため、二〇一七年に四四歳の若さで他界しましたが、デスカフェの活動は世界中に拡がりわが国でも散見されるようになっています。そこで私も東京都内のお寺で行われるデスカフェの活動に、取材がてら参加してみました。広々とした敷地の一画にさまざまな年代と背景の人が集まったその日、浄土真宗の僧侶でもある若い男性リーダーが提示したテーマは次のようなものでした。

「五歳の子どもに『人は死んだらどうなるの？』と聞かれたら、どう答えますか？」

この発題のセンスの良さに舌を巻きました。死生観などは大人の考えるもので、子どもには無縁のことと思ったら大きな間違いで、ちょうど五歳前後に命の問題について子どもがきわめて敏感になる時期があるのです。それは私自身がそうであったように、祖父母の死や大事に飼っていた動物の死と深く関わっているかもしれません。そうしたときにまわりの大人が問いをきちんと受けとめ、共に考えつつ真摯に答えることが、子どものスピリチュアルな成長にはきわめて重要です（スピリチュアルという言葉の意味については、第三章の「高齢期のメンタルヘルス」をご覧ください）。その反対に幼い子どもの問いを軽んじたり、「子どもだから」と口先であしらったりするならば、子どももまた生死の問題を軽んじ、そうした問いを抱くことを自分自身に禁じるようになるでしょう。

この日のリーダーは、あるいはその年頃のお子さんがあったのかもしれません。五歳という年頃の意味をよく知っており、死生観が幼児から高齢者まであらゆる年代の課題であることをわきまえておられるようでした。

この投げかけに触発され、それぞれのグループからさまざまな回答や感想が出ました。その中で、「亡くなったおじいちゃんは空のお星様になって、あなたのことを見守っていてくれる」といった答えがあちこちで聞かれたのは興味深いことでした。子どもの心に届きやすい表現であり、「星」に象徴される自然の美しさへの憧憬も相まって、多くの日本人の心に共有されてきた心象なのでしょう。

ただ、それを語る大人の側が、自分自身の説明をどこまで本気で信じているか、そのことは確かめておく必要がありそうです。

「人が星になることなどありえないけれど、とりあえず子どもにはこのぐらいの説明で」

といった侮りがありはしないか。そうであったなら、当座はしのげてもいずれ馬脚を現すことが避けられません。逆に吟味を経たうえで心から伝えることであれば、非合理的であっても一つの死生観と言ってよいのだと思います。もとより、この種の問いに決まった正解はありません。真剣に考えて発せられたすべての答えが正解であるともいえます。

このように、死生観は決して高齢者だけのものではありません。それどころか生まれてから日の浅い幼な子たちが本能的に死生の問題を問い、大人からの答えを切実に求めているのです。これに答える作業はすべての大人に与えられた課題ですが、高齢者の経験と知恵がこれほど求められるテーマは他に見あたらないでしょう。

この章では「老い」の肯定的な面をさまざまな角度から見てきました。サクセスフル・エイジングという考え方とこれをめぐる各種の理論、老年的超越という現象が北欧から南の島までの高齢者に広く見られること、エリクソンが指摘するように老年期には「統合」という大事な課題があることなど、老年期の豊かさを示す材料はふんだんに存在しています。

そうした老年期の豊かさの中に、「それぞれの死生観をそれぞれのやり方で深め、それを次の世代に伝える楽しみ」を加えてみてもよいのではないでしょうか。

第三章

老いの日々を健やかに

高齢期のメンタルヘルス

「健康とは何か」という問題について、世界保健機関（WHO）は一九四八年に一つの回答を公にしました。今日に至るまで世界中で繰り返し引用され、健康を目指す人類の活動の指標となってきたものです。その文言は次のとおりです。

「健康とは、単に病気・病弱ではないということではない。身体的・精神的・社会的に申し分のない状態にあるということである。」（原文英語、石丸訳）

身体的（physical）・精神的（mental）・社会的（social）に申し分のない状態（a state of complete well-being）とはずいぶん高いハードルを示したものですが、もともとこれは一人一人の人間に当てはめてチェックする趣旨ではなく、人類の目指すべき高い理想を掲げたものでした。

それからちょうど半世紀たった一九九八年には、ここに「霊的（spiritual）」という言葉を加えようとの提案が行われました。結果的に本会議での採択には至りませんでしたが、重要な指摘として注目されました。健康に限らず人間存在を全人的に見ようとするとき、身体性・精神性・社会性・霊性の四つの方向から見たてるのは有力な視点であり、一つのグローバルスタンダードになっています。

このうち「霊的」というのは日本語では少々落ちつきが悪く、ともすれば「霊能者」や「スピリチュアルヒーラー（霊的治療者）」など、超能力や超常現象の連想を抱いてしまいそうですが、WHOの定義で問題になったのはそのことではありません。英語の“spiritual（霊的な）”は“religious（宗教的な）”に近い言葉であり、宗教を肯定する人々にとって両者はほぼ同義です。宗教を持たない人々であっても、そこで問題にされるような人生の目的や、人間の実存に関わる問いを抱えて生きることに変わりはなく、そうした側面に注目してスピリチュアリティ（spirituality）と呼ぶのです。

本書のテーマに照らしていうなら、「祝福」はすぐれて霊的（スピリチュアル）なことがらです。先に紹介した老年的超越理論の重要な指摘は、「高齢者においてはスピリチュアルなことがらへの関心が強まり洞察が深まる」という点にありました。死生観もまたスピリチュアルの範疇に属することは言うまでもありません。

こうしてみると、高齢期は身体的（フィジカル）には機能の低下が避けられない反面、霊的（スピリチュアル）には一段と成長を遂げる可能性のある、スリリングな時期といえそうです。

そのはざまにあって、精神的な健康すなわちメンタルヘルスについてはどんなことがいえるでしょうか。「病気・病弱ではないだけでは足りない」とWHOの定義はいうものの、病気・病弱を免れることはやはり大事な前提です。私は精神科医ですので、ここではその立場からいくつかお伝えしておくことにしましょう。

高齢期の精神疾患として最も気になるのは、何といっても認知症でしょう。ただし認知症そのものは高齢期に限らず、頭部外傷や各種の脳神経疾患、一酸化炭素中毒などさまざまな原因によって、成人後のあらゆる時期に起きる可能性があります。このうちとりわけ老年期と関わりの深いものを「老年期認知症」と総称するのですが、これまた一つの病気ではなく多くのものが含まれています。

老年期認知症を、血管型認知症とアルツハイマー型認知症に大別することが早くから行われました。血管型認知症は脳出血や脳梗塞など脳血管障害の後遺症として発症するもので、症状や経過に一定の特徴があります。細かいことはさておき、血管の健康に心がけ脳血管障害を予防することによって、血管型認知症の発症を予防できるという点が重要です。これに対してアルツハイマー型認知症の場合、残念ながら現時点では予防する方法がなく、薬物療法も認知症の進行を遅らせるのが精いっぱいの現状です。

アルツハイマー型認知症はアミロイド沈着などの独特の病理と進行性の記憶障害を特徴とする老年期認知症の代表例であり、先述の長谷川和夫先生や若井晋先生が経験なさったのもこのタイプでした。老年期の認知症にはこのほか前頭側頭型認知症（以前はピック病と呼ばれたもの）やレビー小体型認知症などが知られており、今後も研究の進展によって新たに分類されていく可能性があります。

これら老年期認知症を別にすれば、老年期に特有の精神疾患は実はそれほど見あたりません。幻聴や被害妄想を特徴とする統合失調症の場合、大多数が三〇代までに発症するので、老年期に入って初発することはまずありません（老年期特有の妄想性疾患については後述します）。こうしたものを除き、うつ病や不安障害、適応障害やストレス障害など、より若い成人に見られる精神疾患の多くは高齢に至っても発症の可能性があります。

かつて老年期にうつ病が多いといわれたことがありましたが、これは案外はっきりした数字が示されていません。ただ、第一章で述べたような今日の老年期の生きづらさを考えれば、ストレスや孤独の結果としてうつ病などの精神疾患が多発しても不思議はありません。高齢者のうつ病を増やすのも減らすのも社会のあり方次第と考えるべきでしょう。

なお高齢者にうつ病が起きた場合、その症状として集中力・記憶力・判断力などが一時的に低下するため、認知症と誤認されることがしばしばあります。認知症には決定的な治療法がないのに対してうつ病は治る病気ですから、医師としてはまずうつ病の可能性を考え、治療の方法を探っていくのが常道です。

ここで一つ注意しておきたいのは、高齢者では心身機能が低下する結果、同程度のストレスに対しても若いときより脆弱であり、回復も遅くなる傾向があるということです。援助にあたってはこのことを念頭に置き、高齢者自身もこれを踏まえて生活設計を行う必要があります。

「年寄りの冷や水」という言葉があり「江戸いろはかるた」にも入っていたといいます。高齢に不相応な無茶な振る舞いを戒めた言葉でしょうが、冷や水とはそもそも何のことでしょうか。諸説ある中で「砂糖水」のこととする説が有力なようです。飲み物を冷蔵する方法のなかった江戸時代から明治時代にかけて、甘い水が清涼飲料水として売られていたのを指すのだというのです。

水質管理の不十分な時代ですから、それを飲みすぎてお腹をこわしたり体調を崩したりすることはままあったでしょうが、それなら高齢者に限ったことではなかったはず。この言葉に年寄りを揶揄《やゆ》する小意地の悪さを感じてしまうのは考えすぎでしょうか。

好奇心を働かせ世の中の楽しみを探索することを、高齢だからといって控えねばならない理由はありません。残り時間が限られているからこそ楽しみたいとも思うでしょう。ただ先にも述べたとおり、ストレス耐性やストレスからの回復力が若い頃より衰えていることは否めません。

それに対する戒めとしてであれば、私は次の言葉の方が好きです。

「年を思わず、年を忘れず」
九五歳の父の座右の銘です。

高齢期の妄想

先に述べたように統合失調症は幻聴や被害妄想を呈する精神疾患ですが、若い時に初発するケースが大半であり、高齢期になってからかかる懸念はほとんどありません。ただ、妄想を呈する疾患は統合失調症ばかりではありません。それまで健康であった人が、高齢に入って妄想症状をきたすことも確かにあるのです。

認知症に伴って「もの盗られ妄想」が起きることや、これまた認知症のある高齢者に起きやすい夜間せん妄と呼ばれる意識障害の中で幻覚や妄想が起きることは、身の回りに経験した方も多いでしょう。

しかしここでご紹介したいのはそういったことではありません。知的にはしっかりしていて認知症の疑いはなく立派に社会生活を送っている人に、いわば一点の染みのように妄想だけが生じてくるというケースがあるのです。私自身、三五年ほどの診療歴の中で思い出す人が何人かありますが、万が一にもご迷惑をかけないよう事実関係をつぎはぎして作った架空の例を示しておきましょう。

Aさんは七〇代後半の女性です。若い頃はずいぶん苦労しました。一〇年ほど前にご主人に先立たれてからは、一人息子と二人暮らしを続けてきています。息子さんは優しい性格で、小さいながら安定した会社に長年勤めて社長からも信頼され、生活は安定しています。Aさん自身の蓄えや年金もあって経済的には心配なく、親しい人たちとのつきあいや地域のボランティア活動などで慎ましくも充実した毎日を送っています。

Aさんの心配事といえば息子さんが四〇代に入っても結婚しようとしないことでしたが、息子さんの方はそれを苦にする様子がありません。

「僕は結婚できないのではなく、とりたてて結婚したいと思わないんだ。今は昔と違って、いろいろな考え方があるからね。お母さんの面倒はちゃんと見るから心配しなくていいよ」

親孝行な息子さんはそんなふうに言うのですが、自分がいなくなった後で息子は一人で暮らしていくのだろうかと思うと、心残りで安心して死ねない気がしてしまいます。そんなことを考えるうちに眠れなくなってしまうこともときどきありました。

ある日Aさんが外出から帰ってくると、家の近くの曲がり角に警官が二人立って何か話しています。話しながら見やる視線の先にAさんのお隣の家があります。ちょうどそこへ反対の方角から息子さんが帰ってきました。息子さんはAさんに気づかず、お隣の家の前を通りながら塀越しに中を気にするような様子です。そのとき、警官の一人が何か言いました。「空き巣」とか「犯人」とか、そんな言葉が聞こえたような気がしました。

その日をはじめとして、Aさんの心に疑念がきざすようになりました。息子が隣の家に泥棒に入っているのではないかという疑いです。あのときの息子の仕草はよからぬ心の表れであり、警官の言葉は既に息子の犯行を知っている証拠ではないか。

その疑いは拭おうとしても拭いきれず日を追って強くなり、眠りや食事も妨げられるようになりました。思いきって息子さんに尋ねてみましたが、もちろん一笑に付されました。それでもAさんの不安は止まず、早く自首した方がいいのではないかと考えあぐね、思いあまって教会の牧師に相談しました。牧師は忍耐強く話を聞いてくれました。そのうえで、「それが事実であるにせよ杞憂であるにせよ、このまま眠れず食べられないままでは体が弱ってしまうから、ともかく医者に診せましょうよ」と言って、私の外来へAさんを連れてきてくれたのでした。

以上、高齢期の妄想の特徴を織り込んでみました。訴えの内容としては「嫌がらせをされる」「家屋や敷地内に侵入される」「物を盗《と》られる」などといった被害妄想が主体ですが、統合失調症の妄想に比べてテーマが現実的・具体的で、その人の日常生活状況に即して実際に起こりうることが多いのです。そこに登場する人物も、隣人や家族など身近な存在が多いとされます。音楽や生活音、話しかけてくる声などの幻聴が伴う場合もあります。

警察に訴えたり近隣とトラブルになったりなど、妄想に左右されて心配な行動をとることもありますが、その点を除けば何の問題もなく社会適応ができていること、そしてなぜか女性に多いことも高齢期の妄想の特徴です。

認知症などの背景がないのに、妄想が起きることがあるのかと心配になるかもしれませんが、妄想という症状は一般に思われているよりも頻度は多いものです。脳の働きの一時的な不具合と思った方が気楽でしょうし、幸いこの不具合に対しては有効な薬があります。統合失調症などの治療に使われる抗精神病薬を少量服用することによって、高齢期のこうした妄想はきれいに修正できることが多いのです。たとえ少量でも精神科の薬をのむのは心配でしょうが、最近の薬は以前に比べて副作用が軽くなっており、正しく使えば利益が大きいものであることは確言できます。

それにしてもなぜこういった妄想が起きるのか、「脳の働きの一時的な不具合」などと書きましたが、実際にはよくわかっていません。妄想を心理的に説明したり治療したりすることは不可能としたもので、あっさり薬で抑えた方が概して得策です。とはいえ、Aさんの妄想のあり方の中に、息子さんに対するAさんの愛情とそれゆえの懸念が反映されていることも否定できないでしょう。

病気のあり方にも、私たちの望みや不安はおのずと現れます。人間はどこまでも人間的なものだと思います。

加齢の効用

認知症や高齢期の妄想の話などすると、加齢によって精神疾患のリスクが増すという負の面ばかりが強調されてしまいそうです。しかし、決してそんなことはありません。意外に思われるかもしれませんが、加齢とともに楽になり得をする側面も精神科の診療場面では多々あるのです。

たとえば統合失調症は、先にも述べたように若い頃に発症して幻覚や妄想を呈し、時とともに進行していく厄介な病気ですが、高齢に入ると概して症状が落ち着き、穏やかになってくることが知られています。薬の効きが悪くて幻覚や妄想が持続していた患者さんの場合にも、幻覚や妄想そのものは持続しているものの、症状に伴う不安や恐怖が薄らいで形骸化し、症状を抱えて生きることが若い頃より楽になることが多いのです。「晩期寛解」などと呼ばれるこうした現象は、加齢に伴う心身のエネルギー低下のあらわれなのかもしれません。いずれにせよ統合失調症という病気に関しては、歳をとることは決して悪いことではありません。

同様の傾向が他の疾患にも広く見られるかどうか、調べていたら論文が一つ見つかりました（「高齢者のいわゆる心因性について考える――加齢の疾患に対する影響」新里和弘著『臨床神経学』所収）。心理的原因から起きる高齢者の精神疾患への加齢の影響を検討したものです。読んでみたところ、この論文もまた「多くの精神疾患の症状に対して、年をとるということは症状緩和の方向に働く」と記し、その理由として「激しい症状へと形を変えるためには精神的・肉体的にエネルギーが必要であり、（超）高齢者ではそこまでの余力はないというのが現実に近いのかもしれない」としていました。

それ以外にこの論文は、たとえばアルコール依存症や重症のうつ病のために長年苦労してきた人々が、ほどほどに認知症が加わることによって落ち着きに向かうことを指摘しています。アルコール依存症の場合、認知症に伴う心身機能の低下によって、家族に対する支配的な態度をとり続けることができなくなり、少量の酒ですぐに酔ってしまうので、大量に飲めなくなるというのです。さらに、家族がこっそり「アルコールを薄めてもわからなくなる」

とあるのには驚きました。もちろん、そんなことになる前にアルコール依存症の治療を開始することが望ましいのですが、加齢の一面を表す話ではあります。

もう一つ、精神疾患からは離れますが、この論文の著者は「天寿がん」と呼ばれるがんのことを紹介しています。超高齢期に見られやすく、安らかに人を死に導くがんとされているもので、徐々に食べられなくなり痩せて眠るように亡くなったり、あるいは出血のためあっけなく亡くなったりという具合に、ひどく苦しむことなく老衰による自然死とよく似た経過をたどるのだそうです。在宅がん死の約三〇パーセントが天寿がんとの報告もあるとのことで、この言葉の提唱者がこれを報告しようとした際、「天寿」にあたる英語がなくて苦労したとのエピソードがあわせて紹介されていました。

そういえば、がんという病気もまた若いときほど進行が速く、加齢とともに進行が遅くなることが知られています。がんの恐ろしさが減じていくのも加齢の効用の一例といえるでしょうし、そのように弱毒化されたがんが天寿を全うする一助になる場合があるのは重ねて興味深いことです。

超高齢期の生理や心理については、まだまだわかっていないことばかりです。人の寿命が遺伝子に組み込まれた構造的な限界だとすれば、その時期を過ごしやすくする工夫が遺伝子の中に書き込まれていても不思議はありませんし、天寿がんはそういった工夫の一つなのかもしれません。医学はこれを「遺伝子」という概念で語りますが、信仰を与えられている人は摂理との関わりについて思いめぐらすことでしょう。

なお、この論文も最後の部分でトルンスタムの「老年的超越」を紹介しており、「超高齢期において健康面での低下が顕著に見られるにもかかわらず、自覚的幸福度が逆に向上してくる現象」、すなわちエイジング・パラドックスに注目したものと要約しています。そして、老いを「みじめで弱いもの」から「より柔軟で自然体になれる変化であり、決して悪くないもの」と捉え直し、老いの持つポジティブな面を生かしていくことが必要であると訴えています。「老い」の見直しが諸方面で進んでいる今日の現状が、こうしたところからもうかがわれます。

七〇年目の気づき

精神科医の仕事は、いうまでもなく精神疾患を治療することです。一方、カウンセリングはこれとは違い、心の葛藤の解決を図るためにカウンセラーとの間で行われるものです。来談者（クライアント）自身が発意して、カウンセラーをいわば心の鏡として使いながら自分を振り返り、問題を整理していくのです。

カウンセリングを「受ける」という表現がよく使われますが、本当は「受ける」ものではなく、クライアントの側が主体的に活用すべきものです。「患者」の代わりに「クライアント（顧客）」という言葉が使われることからも、そうした趣旨がうかがわれるでしょう。

ただ実際には、精神疾患の治療過程でカウンセリング的なやりとりが起きることは珍しくありません。とりたてて精神疾患のない人が、カウンセリングを求めて精神科の診察室にやって来ることもよくあります。

Pさんはそのような人の一人です。電話での初診申し込みの際、受付の質問に対して「自分の人生について振り返り、考えを整理したい」と答えたところに、治療ではなくカウンセリングの機会を求めているPさんの意図が現れていました。

同時にPさんは「自分の間違いや今後の心構えについて、医師の指導を受けたい」という希望を口にされましたが、おそらくそうはならないだろうという直観を私の方では抱いていました。

当日、Pさんは自分の生い立ちやこれまでの経過を便箋数枚にわたってびっしり書いて持参されました。そこには、さまざまな困難に直面しながら誠実に生きてきた一人の女性の八〇年近い人生の歩みが詳しく記されていました。けれども相談のポイントはそうした過去にではなく、現在の生活の中にあったのです。

娘さんの一人が父親譲りのコミュニケーションの困難を抱え、離婚して子どもたちを一人で育てねばならなくなって以来、Pさんは彼らと一緒に住み、家事の苦手な娘を助けて孫たちの世話をしてきました。そのようにして一〇年以上がたち、孫たちが無事に成人しつつある今、その生活の中に家族らしい思いやりや潤いが少しもないことをPさんは嘆くのです。

朝夕の挨拶の言葉が聞かれず、言葉をかけても返事がないこと、食事を用意してもお弁当をもたせても、感謝の言葉や態度が示されないこと、娘さんは気持ちが不安定になると、「お母さんの育て方が悪かったので自分が苦労している」とPさんを責めること、家の中でとげとげしい言葉ばかりが投げ交わされ、お互いをいたわる姿勢のないことなど、自分が望んでいる家族の睦《むつ》み合いとは正反対の現状をPさんは包み隠さず打ち明けました。

そして最後にPさんは問いかけました。

「こんなことになったのは、私自身に責任があるのだと思います。それで私の生い立ちから現在まで、思い出せることを全部お伝えしました。私の何がいけなかったのか、私は自分をどのように変えるべきなのか、先生どうぞ教えてください」

先に示した女性の妄想と同じく、これまた経験をつぎはぎした架空のケースとご了解ください。

Ｐさんとは、三度お目にかかりました。

一度目に「私はどうしたらよいのか教えてください」と、詰め寄るような気迫で問いかけられたとき、私には返す言葉がありませんでした。いただいた情報から考える限り、Ｐさんが長年にわたって最善を尽くしてきたことは間違いありません。そうした場合に陥りがちの独善とは異なり、「自分に原因があるのではないか」と自問する姿勢を携えてこられたことを含め、Ｐさん自身に指摘すべき大きな問題を私は何一つ見いだすことができませんでした。

「あなたは、何も間違っていないと思います」

そう伝えたときのＰさんの表情は、ぽかんとして呆気にとられたようでした。拍子抜けと驚き、それに落胆が混じっていたでしょう。

言葉を失っているＰさんに向かって、私はこれまでのご苦労をねぎらい、今の気持ちを察するとともに、原因のわからない困難の中で他人を責めるのでなく、自分のあり方を問おうとする姿勢の貴いことをお伝えしました。そして、他人を責めないばかりでなく自分をも責めないこと、思いつめている自分をくつろがせねぎらう時間を持つことをお勧めしました。

それぐらいしか、思いつくことがなかったのです。

二度目、数週間後に来院されたとき、Pさんは率直におっしゃいました。

「先日はがっかりしました」

自分はどうすればいいか教えてもらいに来たのに、自分には何も落ち度はないと言われ、それでは自分をどう変えていいかわからないではないかと、かえって混乱したというのです。本当に率直な人であり、そういう気持ちを包み隠さず相手に伝える、開けた心を持っておられることがわかります。面と向かって「がっかりした」と言われているのに、言われる私もどこかすがすがしく感じるところがありました。

「がっかりしましたけれども、考えているうちに……」

次第に思いあたるところがあったといいます。今の状態はつらいけれど、そのことの原因を自分の中に探さなくてもよいし、無理に自分を変えることもない、つらいことはこれまでもたくさんあったし、自分はちゃんと乗り越えてきたのではないか、と。そう考えたとき、居ても立ってもいられないようないら立ちが少し鎮まり、毎日を続けていけるように思えたとPさんは語りました。

三度目、律儀なPさんはスマートフォンのタイマーアプリを膝元に起き、残り時間を確かめながら話し始めました。自分に原因があり、自分を変えなければならないと思いつめるのをやめたあたりから、自分が楽になったばかりでなく、家族の雰囲気もごくわずかながら和んできているような気がする、このかすかなきざしを大切にしながら、しばらくこのまま続けてみたい、と。

私は相変わらず、Pさんの日々の様子に思いをいたしながら相槌を打つぐらいの応対でしたが、残り時間が少なくなってきたところで、ふとPさんがおっしゃったのです。

「私は戦前の生まれで、物のない時代に育ちました。けれども私はこの七〇年間、三度の食事を一度も欠かさずいただくことができました。そのことに今、気がつきました」

唐突な言葉でしたが不思議に違和感はなく、むしろ祈りながら考え続けたPさんが必然的に見いだした、正しい到達点のように思われました。

「わたしの恵みはあなたに十分である」（コリントの信徒への手紙二　一二章九節）という言葉が脳裏に浮かびました。

Pさんはこのようにして、カウンセリングの目的を果たして去っていかれました。学ぶところの多い三度の出会いでしたが、とりわけPさんの感謝の気づきが八〇年近い人生のこの時に与えられたこと、そしてそれが最もふさわしい時であったに違いないことが、私の脳裏に鮮やかに刻まれています。

睡眠の心得

睡眠の重要性は今さら言うまでもないことでしょう。身体の疲労を回復し精神の安定を維持するうえで、質の良い睡眠を十分にとることは不可欠です。心身の変調には睡眠障害がつきものですし、逆に睡眠をおろそかにし続けるならいずれ体や心を壊さずにはすみません。

このあたりまえのことが今の日本では軽視され、勤労世代の健康の脅威になっています。快眠による健康づくりのお手本を高齢者が率先して示したいものです。

睡眠という現象は複雑で奥が深いものですが、良い睡眠をとるためのわかりやすい具体的な指針が厚生労働省によって作成されています。「睡眠12箇条」と呼ばれるその概略をここに紹介しておきますので、「厚生労働省健康局　健康づくりのための睡眠指針２０１４」でネット検索して、ぜひオリジナルを読んでみてください。

1　良い睡眠で、からだもこころも健康に。

2　適度な運動、しっかり朝食、ねむりとめざめのメリハリを。

3　良い睡眠は、生活習慣病予防につながります。

4　睡眠による休養感は、こころの健康に重要です。
5　年齢や季節に応じて、ひるまの眠気で困らない程度の睡眠を。
6　良い睡眠のためには、環境づくりも重要です。
7　若年世代は夜更かしを避けて、体内時計のリズムを保つ。
8　勤労世代の疲労回復・能率アップに、毎日十分な睡眠を。
9　熟年世代は朝晩メリハリ、ひるまに適度な運動で良い睡眠を。
10　眠くなってから寝床に入り、起きる時刻は遅らせない。
11　いつもと違う睡眠には、要注意。
12　眠れない、その苦しみをかかえずに、専門家に相談を。

良い睡眠を心がけることは、病気ばかりでなくけがや事故を避けるうえでの基本心得です。極端な睡眠不足が大きなトラブルにつながった例は、スペースシャトルの爆発事故をはじめとして枚挙に暇《いとま》がありません。

ただ、実際にどれほどの睡眠時間が必要かとなると、個人差もあり一概には決めにくいことです。ここで参考になるのは九〇分サイクルの考え方です。夜間の睡眠は寝ついてから目覚めるまで一定の状態がだらだら続くものではなく、深くなってはまた浅くなり、その中にレム睡眠および非レム睡眠と呼ばれる異質な眠りが混在するといったダイナミックなプロセスで成り立っています。そして深くなり浅くなる一連のプロセスは、平均して約九〇分で一巡することがわかっています。従って九〇分のこのサイクルの切れ目に目覚めるのが自然であり、睡眠時間は九〇分の倍数であるのが合理的と考えられます。

これとは別の調査研究で、最も健康状態がよく長生きの人々の睡眠時間は七時間から八時間の間と報告されています。これを上記の「九〇分の倍数」と組みあわせて考えると、多くの人にとって理想的な睡眠時間は「九〇分サイクル ×五＝七時間三〇分」ということになります。けれども今の日本の勤労世代は世界的に見ても睡眠不足の状態にあり、七時間半眠っている人は多くありません。それならせめて「九〇分サイクル ×四＝六時間」の睡眠時間を確保してくださいというのが、昨今の診療場面でのお願いになっています。

この数字は高齢者の場合も参考になりますが、加齢と睡眠の関係について考えておく必要があります。「高齢では若い時ほど睡眠時間を必要としない」ということが最近では定説になっており、「睡眠12箇条」でも第9の解説は「二〇歳代に比べて、六五歳では必要な睡眠時間が約一時間少なくなる」と記しています。

これは確かに実感されるところでもありますが、このことから「超高齢ではますます睡眠は短くてよい」と決めつけるのは早計でしょう。今日では六五歳はもはや高齢といえないことは本書の冒頭で述べたところですが、二〇歳と六五歳では日中の運動量がかなり違いがあるのは事実でしょう。仮に六五歳の私が若いときと同様の運動や労働に従事したとしたら若いときよりも強い疲労を感じるのが当然であり、それを回復するためにより長い睡眠が必要であっても不思議はありません。加齢によって睡眠そのものの必要性が減じるのか、加齢に伴う運動量の減少のために睡眠が少なくて足りるのか、そこがはっきりしていないように思われます。

超高齢の人々についても同じことで、ベッドの周りで不活発な生活を送っている人と、こまめに身体を使っている人とでは、睡眠の質も長さも違って当然でしょう。実際にも私の身近の超高齢者には長く眠る人が大勢いました。これらの人々はいずれも健康状態が良好でよく体を動かしており、その疲れに促されて長くよく眠っていたのです。

こうした事情も含めて必要な睡眠時間については個人差があり、それぞれの生活に応じて必要な睡眠時間を個別に見いだすことが大事であると確認しておきましょう。そうした個別の吟味をしないで「年寄りに長い眠りは必要ない」と決めつけるなら、生活管理の大きな誤りにつながる危険があります。

一方、「高齢者では睡眠が浅くなる傾向がある」ということについては、より確かな根拠があるようです。言い換えれば、周囲からの刺激があった場合に高齢者は若年者よりも眠りを妨げられやすいということです。安心して眠れる睡眠環境や規則正しい睡眠パターンを確保するために、高齢者は若いとき以上に気を配る必要があるでしょう。「睡眠12箇条」の第6に「環境づくり」とあるとおりです。

「環境」と聞くと寝室内外の明るさ・静かさ・雰囲気や寝具などが思い浮かびますが、体をリラックスさせる環境づくりも重要です。眠る直前までスリリングな映画や刺激的な映像を見ていたり、身体的あるいは知的にフル活動していたりすれば、当然寝つきは悪くなります。床につく二、三時間前からは心と体をゆったりくつろがせて眠り支度を心がけたいものです。

睡眠を確保するため寝酒に頼る人がいますが、これは逆効果です。アルコールは寝つきを良くするものの、睡眠を浅くし中途覚醒を増やすなど睡眠の質を悪化させます。また、うつ病の症状に対しても悪影響を及ぼします。精神科の外来診療においても、不眠を訴える患者さんの治療にあたっては、お酒を増やすのではなく減らす（できれば断つ）ことが基本です。

昼寝はどうでしょうか。睡眠の専門家によれば昼寝は大いにけっこう、ただし三〇分以内にとどめること、そして午後三時までに終えることが大事とされます。いずれも夜の睡眠を妨げないための注意事項で、昼寝が長すぎたり遅すぎる時間帯だったりすると夜の寝つきが悪くなることは理解しやすいでしょう。

聖書には次のような言葉があります。

神は言われる。
終わりの時に、わたしの霊をすべての人に注ぐ。
すると、あなたたちの息子と娘は預言し、
若者は幻を見、老人は夢を見る。

旧約聖書ヨエル書の一節（三章一節）が使徒言行録二章一七節に引用されたものですが、「若者は幻を見、老人は夢を見る」と書かれていることをおもしろく感じます。同じく霊に導かれて想像を羽ばたかせるにしても、白昼の清明な意識の中で幻を見る若者に対して、老人は眠りの中で夢をとおして深層に降りていくというのです。そこに、眠りに対する高齢者の親和性を読みとるのは、深読みというものでしょうか。

高齢の日々には和やかな毎夜の眠りを楽しみたいものですが、工夫してもなかなか眠れないこともあるでしょう。名著『「甘え」の構造』で知られる精神分析家であり、カトリック信徒でもあった土居健郎氏は、晩年に不眠に悩まされた時期がありました。そこで発想を切り替え、眠れない夜は「ラジオ深夜便」を聞くことにしたのだそうです。その後「不眠もあながち悪いものじゃないよ」と語っておられたとどこかで読みました。「睡眠を大切に、しかし眠ることにこだわりすぎずに」という教訓のよき実践例だと思います。

一日のリズム

現役の間は出勤時刻や仕事の都合で時間に縛られていた私たちですが、そうした拘束から解放された今は、その日その日のスケジュールを自分で決めることができます。いろいろなやり方があるでしょうが、たとえば午前と午後の使い方にメリハリをつけてみることなどは、おもしろいのではないかと思います。

『魔の山』などの作品で知られるドイツの作家トーマス・マンは、小説の執筆をもっぱら午前中に行っていました。その時間帯を「神聖な午前」と呼んで黙々と執筆に専念する一方、午後には疲れた頭で仕事を続けることを自らに許さず、散歩や読書、手紙を書くことなどで過ごしていたと伝えられています。

アメリカの文豪ヘミングウェイも明け方に起きて朝のうちに仕事をしたそうですが、こちらは一息つくと、後は日がな一日お酒を飲んで過ごしたようです。彼の息子は対照的に育っ張りの朝寝坊だったため、息子が起きてくる時分には父親はすっかりできあがっており、後年「父は酒ばかり飲んでいて、仕事をしている姿を見たことがなかった」と言われるもとになったとか。

作家は夜ふかしと思われがちの中で意外な話ですが、『華岡青洲の妻』をはじめ多くの作品を残した有吉佐和子さんも「作家として生きていこうと決意したとき、それまでの夜ふかしをあらためて朝方にした」と書いておられました。規則正しい生活リズムは職業によらず大事な心得であり、早寝早起きはその基本といえるでしょう。

午前中に知的な活動を行うことは、自律神経系のリズムの点からも理にかなっていそうです。自律神経系は、活動に適した生理状態をつくりだす交感神経系と、逆にくつろぎに適した副交感神経系とのバランスを通して働きますが、両者の力関係を時間にそって見ると朝方は交感神経系優位であり、午後に入るにつれ副交感神経系が優位になることが知られています。このため、朝方に激しい運動をすることは循環器系に過剰な負荷を与える危険があり、望ましくないとの指摘があるのです。朝から午前にかけては、さえた頭で読み書きや考えごとをするのに適しているという理屈に整合します。

そのことを踏まえてかどうか、父が学んだ熊本の陸軍幼年学校では、午前が学科、午後が教練というのが基本日課でした。一〇代で身につけたこの習慣を、父は定年後に再開して長年にわたって励行しており、それが九〇代に入って健康を保っている一因のようです。ついでながら一日の最後に必ず日記をつけるのも幼年学校仕込みで、これは戦場でもこまめに記録を残すことができるよう、軍人には必須の心得だったそうです。

午前・午後のメリハリについては、精神医学者の中井久夫氏が「患者さんとの大事な面談は午前中に行うのがよい」と医療系の新聞に書いておられました。その根拠も、人間の生理的・心理的なリズムに基づくものでした。大学病院の病棟などでは逆に午前中にあれこれの雑務が入り、個々の患者さんとの大事な面談が午後に回されがちであるのを戒めておられたと記憶します。

このように、午前中は集中を要する知的活動に充て、午後から体を動かしたりくつろいだりするというのは理にかなった一つのやり方です。ただし規則正しく早寝早起きを心がけていれば、という条件つきです。そして頭と体がちゃんと働くことができるよう、朝食と昼食はバランスよくとりたいものです。

外来診療で患者さんの一日の過ごし方を尋ねてみるとき、とりわけ青年期から壮年期の男性に「朝食をとらない」という人が多いのが気になっています。「朝は忙しいので」とか「習慣になっているから」などと言いますが、それで午前中の仕事の質が保てているのかどうか。知的活動をつかさどる私たちの脳は、血液を通してブドウ糖が十分に供給されなければば働かないぜいたくな器官です。睡眠12箇条の第2にも「適度な運動、しっかり朝食」とあるように、睡眠を整えるためにも食事をおろそかにしてはいけません。

一日のリズムは精神的な変調にも関わってくることがあります。たとえばうつ病では気分の日内変動と呼ばれる現象が見られます。うつ病は長期にわたって気分が全般的に沈んでしまうものですが、とりわけ朝、目が覚めた時がいちばんつらく、その後は時間の経過につれて気持ちも体も次第に楽になってくるという傾向が、かなり多くのケースで認められます。うつ病では、「寝つきは良いのに、朝方まだ暗いうちに嫌な気分とともに目覚めてしまう」という早朝覚醒型の不眠が多いといわれることも、気分の日内変動に関連しているのでしょう。

うつ病のメカニズムはまだまだ不明の点が多いのですが、生体に備わった概日リズム（いわゆるバイオリズム）の変調との関連は昔から指摘されています。早朝覚醒型の不眠があったり、起き抜けの気分が妙にすぐれないと感じたりしている人は「年のせい」と決めてしまわず、医者に相談してみるとよいでしょう。

教会の礼拝は多くの場合、朝から午前中に行われます。さえた頭とリフレッシュされた体で礼拝にあずかるのは気持ちのよいもので、一週間のリズムづくりにも最適でしょう。一方、傾いてきた陽の光や宵闇の中であずかる夕拝には、また別の感慨があります。ほどよい疲れの中でくつろぐ感覚が、老年期の和やかさと重なってくるようにも感じられます。同じ行為でも時間帯により違って感じられることなどを生かし、日課いじりを楽しむ生活巧者になれたらと思います。

自殺とその対策

できれば触れずにすませたいけれども、そうはいかないテーマがここにあります。自殺の問題です。さまざまな問題を抱えながらも、日本の社会は世界屈指の豊かさと安全を享受しています。そんな中で見逃すことができない一つの憂慮すべき数字が、過去数十年にわたる自殺率の高さです。日本は世界有数の自殺大国なのです。

日本の自殺者数は第二次世界大戦後、年間二万人台で推移してきましたが、一九九八年に一挙に一万人も増え、その後一五年間にわたって非常な高水準が続きました。二〇一〇年代に入って自殺者数が減少に転じたため、自殺問題は終わったかのような報道の論調になっていますが、実際には日本の自殺率は依然として高く、とりわけ女性の自殺率の高さは際立っています。コロナ禍の時期に入って再び自殺問題が注目されるようになりましたが、コロナ禍は問題を増強したにすぎません。

そして自殺に関する高リスク群の一つが、ほかならぬ高齢者なのです。

このこと自体は日本だけの問題ではありません。加齢に伴う変化を見た場合、世界の多くの国や地域において、壮年期にはほぼ横ばいで推移した後、六〇代から七〇代、八〇代と年齢が進むにつれ急激に自殺率が高まることが知られています。日本も例外ではないということですが、人類史上前例のない超高齢化が進んでいるわが国の場合、事態がいっそう深刻であることは言うまでもないでしょう。

なぜ高齢者の自殺がそれほど多いのでしょうか。自殺の原因を明らかにすることは必ずしも容易ではありませんが、高齢者では健康問題で悩んでいたケースの多いことが指摘されています。高齢の夫婦の双方が健康問題を抱えており、支え合う生活が限界にきていたケースも少なくありません。

考えあわせなければならないのは、先にも述べた家族のあり方の変化です。前近代の大家族の生活の中では、高齢者を支えるのは若い世代の当然の義務と考えられていました。現実の家庭生活の中で実際にどれほど高齢者が大切にされていたかはばらつきがあったことでしょうが、少なくとも今日のように高齢者が自助自立を求められる厳しさは希薄だったはずです。

孤独あるいは社会的孤立が自殺の危険を増すことは、年齢にかかわらず一般に認められるところです。まして高齢者が健康問題を抱えながら孤立するときの心細さや寂しさには、深刻なものがあるでしょう。仮に自殺という悲劇的な結末に至らないとしても、健康問題をさらに悪化させ、長寿の日々に暗い影を落とすことは疑いがありません。

長寿の祝福を曇らす孤独という病を克服することが、大きな宿題として私たちの前に置かれています。

話が戻りますが、自殺という現象はなぜ起きるのでしょうか。一個の生命体として自分自身の生存を図ることを本能づけられている人間が、自ら命を絶つという現象には、痛ましさと同時に不思議の念が湧くのです。しかしその不思議な現象は、人類の歴史とともに長い古い来歴を持っています。

古代の貴人や武将は、名誉を守るためにしばしば死を選びました。女性もまた操を守るために命を絶つことがしばしばありました。このようなタイプの自死は日本の伝統文化の中で長く維持され、ふさわしいときに潔く命を捨てることは高い道徳性の表れとして称揚されました。キリスト者であった新渡戸稲造も、一八九九年に英語で刊行した『武士道』の中で、切腹という習慣を古代ギリシア・ローマ人のモラルになぞらえて弁護しています。『武士道』の筆致は今日でも心に訴えるものですが、こうした自死称揚が戦争の時代に、軍人ばかりでなく多くの民間人までも無用の死に追いやったことを忘れるわけにはいきません。

それはさておき、こうした伝統も作用してでしょうか、「人が自殺するのはその人の選択の結果である」とか、さらには「少々苦しいからといって自殺するのは、その人の弱さによるものだ」といった見方が、多くの人々の本音の中に今でも見え隠れしているようです。

これに関して、少し前にアメリカで行われた一連の調査の結果を紹介しておきたいと思います。「心理学的剖検法」と呼ばれる手法を用い、自殺既遂者の生前の状態を徹底的に探索した結果、自殺を遂げてしまった人の九〇パーセント以上が死の直前にうつ病など何らかの精神的変調をきたしており、精神医学的援助の必要な状態にあったこと、そしてそれにもかかわらず、実際に精神医学的援助を受けていた者は自殺者の半数に満たなかったことが明らかになりました。

このデータは「必要なはずの援助を受けていなかったケース」と「少なくともある程度は援助を受けていながら自殺を防げなかったケース」がこもごも存在することを意味していいます。いずれにせよ、自殺者の圧倒的多数は精神に変調をきたして死に至ったのであり、正常な判断のもとに死を選びとったケースがごく少数であることは間違いありません。これが今日の「自殺」の実情であることをよく知っておきたいと思います。

自殺の背景に精神の変調があり、精神の変調の背景に孤独がある、この構図は高齢者の場合も同じです。これを踏まえて自殺対策では悩みのある人の孤独や孤立を防ぐことが重要とされ、その役割を担うゲートキーパーの養成が求められています。

ゲートキーパーは「自殺の危険を示すサインに気づき、適切な対応を図ることができる人」と定義され、「命の門番」という位置づけから「ゲートキーパー（gate keeper）」という名称が与えられています。適切な対応とは「悩んでいる人に気づき、声をかけて話を聞き、必要な支援につなげつつ、見守る」という一連の作業を意味します。

自殺予防の手法としてはカナダの運動から発信されたTALKの原則がよく知られています。TALKは「話しかけ（tell）」「状況をたずね（ask）」「話を聞き（listen）」「見守る（keep safe）」という四つの動詞の頭文字をつないだものであり、ゲートキーパーの発想と一致することがわかるでしょう。

具体的な方策として、ゲートキーパーの役割を果たせる人を養成するため、かかりつけ医や学校の教職員、保健師、看護師、ケアマネジャー、民生委員などに研修を行うことが提唱されていますが、理想は地域社会においてすべての人が随時にその役割を果たせることでしょう。そのように考えるとき、ゲートキーパーやTALKの原則の核心にあるのが「話を聞く」こと、すなわち傾聴であるのは印象的です。児童文学の傑作であるミヒャエル・エンデの『モモ』、その主人公が傾聴の達人であったことを思い出します。

小さなモモにできたこと、それはほかでもありません、あいての話を聞くことでした。なあんだ、そんなこと、とみなさんは言うでしょうね。話を聞くなんて、だれにだってできるじゃないかって。

でもそれはまちがいです。ほんとうに聞くことのできる人は、めったにいないものです。そしてこの点でモモは、それこそほかには例のないすばらしい才能をもっていたのです。（中略）

モモに話を聞いてもらっていると、どうしてよいかわからずに思いまよっていた人は、きゅうにじぶんの意志がはっきりしてきます。ひっこみ思案の人には、きゅうに目のまえがひらけ、勇気が出てきます。不幸な人、なやみのある人には、希望とあかるさがわいてきます。（中略）

こういうふうにモモは人の話が聞けたのです！

（大島かおり訳、岩波書店）

モモのような聞き上手になることを目指すのも、高齢の日々の価値ある過ごし方ではないでしょうか。

笑いの効用

「一読、十笑、百吸、千字、万歩」

何のおまじないかと思われそうですが、これは医師である石川恭三氏が提唱した高齢者の健康法です。これをタイトルに同氏による本が出され（『一読、十笑、百吸、千字、万歩――医者の流儀』、河出書房新社）、日本医師会の日医ニュース『健康ぷらざ』でも紹介されました。

一読は一日に一度はまとまった文章を読むこと（毎日一冊、本を読破するという意味ではありません）、以下同様に十回笑う、百回深呼吸する、千字文字を書く、一万歩を目指して歩くという意味だそうです。なるほどと思いました。高齢者ならずとも、毎日これを心がけたら健康に良さそうです。

この中でいちばん難しいのはどれかといえば、多くの人が「十笑」を挙げるのではないでしょうか。他のことは心がけ次第で実行できますが、笑うことはそうはいきません。「微笑む」ことならできますが、「笑う」のはおかしいことがなければ笑えないからです。そしてこの著者が勧めているのは、「ワハハ」と大笑いすることなのです。

お腹の底から屈託なく笑うことは呼吸や姿勢を良くする効果があり、心理的にはもちろん楽しく、実際に免疫力を高める効果も証明されていていいことずくめです。先ほどの日本医師会のサイトには「笑う頻度が少ない人ほど認知機能が低下するリスクが大きい」という怖い情報も付記されています。

それはわかるのですが、問題は毎日十回もどうやって笑うかです。寄席や漫才の動画を見ても笑えるとは限りません。

そう思っていたところへ、絶好の一冊を見つけました。

『老年笑い学――ユーモアで羽ばたくシニア』（小向敦子著、春風社）です。

店頭でページをめくってみて、いきなり吹き出してしまいました。

病院の待合室での高齢の方々の会話です。

「今日○○さん、来てないけど、どうしたんだろ」

「どこか具合が悪いんじゃない？」

日本のシニアの熱心な病院通いを笑う定番のジョークだそうですが、私は初めて聞きました。この本を毎日数ページずつ読み進めば、当分の間「十笑」を実行できそうです。著者はお笑い芸人ならぬ大学教授。授業では老年学、ゼミでは笑い学を担当なさるのだそうで、「老年学×笑い学」は書籍のタイトルとぴったり符合しています。老年学や笑いの理論的な側面にも触れながら、このような笑いの実例を満載し、この時期イチオシの好著です。

笑いのツボは同書に譲り、ここでは「ユーモア」について軽く触れておきましょう。笑いにもいろいろある中で、ユーモアと呼ばれるものはどんな特徴を持ち、老年期とどんな関係があるのでしょうか。

いろいろな切り口があるでしょうが、たとえばエスプリやウィット（日本語の「機知」に通じるもの）は瞬発的で切れ味の鋭い笑いであるのに対し、ユーモアはのんびりしてとぼけた味があると考えれば良いヒントになりそうです。

もう一つ、エスプリやウイットは往々にして相手を切り捨てるのに対して、ユーモアは自分自身を笑うところに妙味があるともいわれます。

「複雑なことはなにもないじゃありませんか。これ以上簡単なことはありません。もしあたくしが《あたくしはでくのぼうです》といったら、それがユーモアなんです。またもしあたくしが《あなたはでくのぼうです》といったら、それがエスプリなんです」

（河盛好蔵著『エスプリとユーモア』岩波書店）

さらにまた、ユーモアは苦境に追い込まれた人々がその状況を心理的に克服するためにしばしば用いられてきたものでもあります。

紀元前五世紀にペルシアの大軍がギリシアに押し寄せてきたとき、迎え撃つスパルタ軍の陣営で、誰かが「ペルシアの弓兵の攻撃はすさまじく、彼らが放つおびただしい矢で太陽が遮られ、空が曇るほどだそうだ」とおびえて言うと、隊長が笑って「それは好都合、われらは涼しい日陰で闘うことができる」と返したのはその一例。ユーモアとは「にもかかわらず笑うこと」とされる所以でもあります。

ここまでくれば、「老い」と「ユーモア」の睦まじい関係が何となく理解できるのではないでしょうか。

私たちも「老い」というただならぬ相手と取り組む中で、しばしば自分の窮境を笑いで乗り越える必要に迫られます。そうしたときに、自分自身の弱みまでもまるごと笑うことによって、心理的に一段高い視点に立つ勇気を与えるのがユーモアの効用といえそうです。

そうしたユーモアの鮮やかな実例を二つ、どこで見聞したか記憶にないのですが、しっかり脳裏に焼きついているのでご紹介します。

その一、ともに百歳を超える長寿の双子として有名になったきんさんとぎんさん、テレビ出演などですっかり有名人になりました。「出演料はどのように使うのですか？」と質問され、答えは「老後に備えて貯金しとります」。

その二、長らく世界最長寿とされていた泉重千代さんが女性の好みを尋ねられて、「年上が好きだねぇ」。

こうしたユーモアは、先に紹介した結晶性知能の発露でもあります。きんさん・ぎんさんや泉重千代さんのユーモア感覚には驚かされますが、こうした感覚をお持ちだったからこそ健やかに長生きなさったのでしょう。

ユーモアについては、柏木哲夫氏の『ベッドサイドのユーモア学――命を癒すもうひとつのクスリ』（メディカ出版）、それにアルフォンス・デーケン氏の『ユーモアは老いと死の妙薬』（講談社）をあわせて紹介しておきます。

聖書とユーモア

笑いは決して不まじめなものではなく、とりわけユーモアは真剣に物事に取り組むときにこそ大きな力を発揮するものです。その実例が聖書にあると言ったら驚かれるでしょうか。聖書の中には豊かなユーモアが満ちており、それが聖書の真剣なメッセージをいっそう輝かせ魅力的にしていると私は思います。ここでは創世記の中から二つの場面を例に挙げてみましょう。

まず、天地創造の中で人が創られる場面です。

主なる神は、土（アダマ）の塵《ちり》で人（アダム）を形づくり、その鼻に命の息を吹き入れられた。
（創世記二章七節）

このくだりはよく知られていますが、あらためて読み直してみて、その表現が具体的であることに驚かされます。土で創った人形（ひとがた）の鼻に、命の息を吹き入れられた、思わず「主は口をすぼめて」と補いたくなるような鮮明な描写です。

ところでこの土はどんな土だったのでしょうか。直前の二章六節にわざわざこのように記されています。

「しかし、水が地から湧き出て、土の面をすべて潤した」

地面がすべて水浸しになっていたというのです。その状態で「土の塵」を手にとったとしたら、乾いた土ではあり得ません。水浸しの地面からすくいとられた泥でなければなりません。主なる神は泥を手にとって人形を創り、泥人形に息を吹き入れて人となさったのです。

ここで連想が働きます。幼子は誰でも泥んこ遊びが大好きです。雨上がりの園庭に出ることを許されると、園児たちは誰からともなく水たまりにしゃがみこんで泥をこねはじめ、夢中でこね続けます。泥が頬や額につくのもおかまいなしに、こねてはつくり壊してはまたつくり。やがて一人の子が目を輝かせてやってきて、お皿に載せた泥団子を「どうぞ召し上がれ」と差し出します。

泥遊びの大好きな幼子たちのように自ら泥を手にとってこね、泥人形の鼻に口をつけて息を吹き入れられる主、その姿のなんと慕わしく微笑ましいことでしょうか。主は幼子のひたむきさで一心に泥をこね、人を創ってくださったのです。

このような聖書の読み方に対しては注意を受けたことがありました。創世記の物語は、人間の理解を超えたことを人間に教えるため、あえて絵画的な比喩を記したものである、だからあまり具体的に想像しすぎない方がよい、そうでないと「神さまの身長はどれほどか」とか「神さまには髭《ひげ》があるか」といった見当はずれの方向にさ迷い出てしまうから、と。

これ以上想像をたくましくすることはやめておきましょう。この土は乾いた土ではなく水浸しの地からすくいとられた泥であったこと、泥の塊から人の形がつくられ、そこに命の息が吹き入れられたこと、それで十分です。

そして聖書全巻に豊かに備えられたユーモアの、最初の香りをかぐだけで十分なのです。もう一カ所、「老いと祝福」という私たちのテーマに照らして忘れることのできない場面を引いておきましょう。

族長アブラハムは忠実に主に従う人生を歩み祝福された生活を送っていましたが、愛妻サラとの間に子のないことが最大の悩みでした。アブラハムもサラも既に高齢に達し、子を持つ望みを捨てていたところへ朗報が到来します。主の御使《みつか》いらがアブラハムを訪れ、サラに子が与えられることを伝えました。

その後がおもしろいのです。


サラは、すぐ後ろの天幕の入り口で聞いていた。アブラハムもサラも多くの日を重ねて老人になっており、しかもサラは月のものがとうになくなっていた。サラはひそかに笑った。自分は年をとり、もはや楽しみがあるはずもなし、主人も年老いているのに、と思ったのである。

主はアブラハムに言われた。

「なぜサラは笑ったのか。なぜ年をとった自分に子供が生まれるはずがないと思ったのだ。主に不可能なことがあろうか。来年の今ごろ、わたしはここに戻ってくる。そのころ、サラには必ず男の子が生まれている。」

サラは恐ろしくなり、打ち消して言った。「わたしは笑いませんでした。」主は言われた。「いや、あなたは確かに笑った。」

（創世記一八章一〇～一五節）


長年待ち望んだこととはいえ、とっくに閉経した自分が子を宿すなどとはいかに御使いの託宣とはいえあり得ないこと。天幕の入り口で中の会話を立ち聞きしながら、それは無理というものですとサラは苦笑しました。誰にも聞かれないはずの、心の中のひそかな笑い、遅すぎた朗報が引き起こす諦めのほろ苦い笑い、サラを注視しておられた主は、この小さな反応を見逃しませんでした。

「なぜ笑ったのか、信じられないのか」

「笑ってなどいません」
「いや、あなたは笑った」

授業中に内職を見とがめられた生徒と、教壇から見おろす先生のような押し問答です。見つからないはずの逸脱を見つけられてしまった。人生の中で誰しも身に覚えのある失敗が読み手の頭に浮かぶでしょう。恐ろしくなったサラが、思わず「笑っていません」と見えすいた弁解をする姿に自分自身が重なります。

主に対する絶対の信頼を貫いて諸国民の信仰の祖となったアブラハム、そのアブラハムと愛妻サラの小さな失敗は「不信仰」といえば厳しいようですが、「いくら何でもそれは無理でしょう」という軽い侮りの中に、全能の主に対する違背の種がまかれることを私たちはよく知っています。

だからこそ、サラは必死に打ち消したのでしょう。おかしさの中に深い示唆が込められています。

この話には落ちがあります。約束どおり与えられた息子の名を、イサク（彼は笑う）と名づけるよう主は命じられました。アブラハムはこの命に従い、子を抱くサラは主を賛美して言います。

「神はわたしに笑いをお与えになった。聞く者は皆、わたしと笑い（イサク）を共にしてくれるでしょう。」

（創世記二一章六節）


幼子のあどけない笑顔をとりまく朗らかな笑いが、一年前のほろ苦い笑いを流し去って広がります。不信仰を厳しくとがめる代わりに笑いをもって笑いに報いる、全能の主の大きなユーモアをそこに見ることができます。アブラハム百歳、サラ九〇歳、超高齢の夫婦に与えられた祝福の形です。

高齢期の読書と執筆

聖書とユーモアについての例を二つだけ、右に挙げてみました。こうした視点から聖書全巻を丁寧に読み直し、そこにどれほど豊かなユーモアがあふれているか探索することを、私は自分の老年期の計画のうちに入れています。

自由になった時間を生かしてまとまった読書をすることは、多くの高齢者が楽しみとするところであり、その仕方もさまざまでしょう。

聖書のように本格的な書物にじっくり取り組んでみたいという人（精読派）、昔読んだ本をあらためて味わってみたいという人（再読派）、新しく出版される本を手あたり次第に読んでみたいという人（乱読派）などが挙げられるでしょうか。もちろん各人が精読もすれば再読も乱読もするわけで、ともかく読書というものがあるのは老年期にはありがたいことです。

図書館を活用する人が多いのも老年期の特徴であり、とりわけ乱読派には有力な戦略でしょう。教会の大先輩であるWさんはその代表格で、近所の公立図書館に文字どおり日参して精力的に読書を続けておられます。もともと大変な勉強家で数千冊に及ぶ書籍をお持ちだったそうですが、退職なさってから思いきりよく蔵書を整理し、残る数百冊も自分の他界後に処分するようご家族に伝えてあるのだそうです。読みたい本があるときは希望に応じて図書館が入れてくれるそうですから、あらたに購入する必要もありません。

私の場合、読んでいるとどうしても書き込みをしたくなり、これが図書館を利用する妨げです。Wさんは記憶力がよいのでしょう、そうした必要を感じない羨ましい方ですが、一度だけ失敗なさったことがあったとか。おもしろくて夢中で読むうちに、気づいたら書き込みをしていたらしいのです。返却時に謝って弁償を申し出たものの不問に付されたのは、日頃のWさんの紳士的な振る舞いがよく知られていたからでしょう。そんなにおもしろい本とは何だったのか、忘れてしまったとおっしゃるのが残念です。

私も書き込み癖を修正して図書館利用派に転向したいものですが、逆にあえて買い求めることもあります。先にも書いたように、時間ができたらゆっくりじっくり読んでみたいという書籍類です。

その筆頭はルイス・フロイスの『日本史』です。ポルトガル出身のイエズス会の司祭として一五六三年、三一歳のときに日本にやってきたフロイスは、六五歳で没するまでの生涯を宣教に捧げるとともに、その文才をもって戦国末期の日本の状況をつぶさに記し『日本史』を著しました。当時の日本を知るうえで貴重な資料ですが、長らくその所在が不明であったものを川崎桃太氏がリスボンの図書館で劇的に発見し、自ら翻訳したものが一二冊の文庫本として中央公論社から出版されています。これを読まずに人生を終えるわけにはいきませんので、さっそく入手しました。ひもとく日を楽しみに、前もって田舎の家に送ってあります。

読書、つまり読むことと並んで、書くこともまた老年期にはうってつけの作業でしょう。家系について調べまとめる人もありますし、個人史を執筆する人も増えています。エリクソンらが老年期の達成課題に挙げる「統合」の作業の具体的な表れとしても、結晶性知能に導かれ流動性知能を活用する創造的な脳トレ（脳力トレーニング）としても、大いに推奨されるものです。最近はエンディングノートなどの形で終末期医療や死後の段取りについて書きおくことが勧められていますが、どうせ書いておくのなら事務手続きの指示書で終わらせるのはつまらないでしょう。生い立ちや家族、経歴などの事実に加え、折々に感じたことを簡単に記していくだけで、気づいてみれば相当の分量にのぼるのではないでしょうか。高齢に至るまでの人生には、誰でもそれだけの厚みと深みがあるものです。

そうした記録がひょっとすると後世の歴史家に発掘され、思いがけない役に立つかもしれません。平凡でとるに足らない自分などの記録に、意味があるものだろうかと私たちは疑いますが、そういうものでもなさそうです。西暦七九年のある日、ヴェスヴィオ山の突然の噴火によって地中に埋もれたポンペイの遺物を展覧会で見たことがあります。その中で一番印象に鮮やかだったのは、公衆浴場の壁に落書きされた恋敵同士の口げんかの応酬でした。書きたいことを書きたいように書き、タイムカプセルの感覚で机上に残しておくことを私も楽しみにもくろんでいます。

俳句や和歌をよくする人や文章を書く人であれば、作品集をまとめるのは楽しい作業でしょう。今、私の手元にあるのは私が所属する柿ノ木坂教会を開拓伝道から興された小川貞昭牧師のおつれあい、文《ふみ》先生が八六歳のときに出された随想集です。文先生は私たち教会員から母と慕われた人でしたが、非常な文学好きで書くこともお得意でした。第二章の「エイジングという発想」の中で、菅原道真の古詩を引用しながら声をかけてくださったと紹介したのは文先生のことです。作品集の中からここでは清澄な一文をご紹介しておきます。

光

私の育った家の庭に一本の赤松があった。黄楊《つげ》よりも高く、百日紅《さるすべり》や、椿よりも背が高くやさしい姿をしている。

冬の寒い朝、明け方に初雪が降ったらしく、赤松は真綿のようにうっすらと雪を被っていた。皆が起きる頃には少しずつ雪が解けてくる。私は例のごとく掻巻《かいまき》の衿から首を出して雪解けのしずくを見ていた。滴は細かい葉先から音もなくスッーと落ちていく。音が無いだけに寂しい。しんとした気持ちになる。

ところが朝日が射してくると、松の葉に並んだ水滴は光をうけてにわかに生き生きと光り出す。赤に、橙に、黄に、青に、水色やみどりにと、光りながら変わっていく。水滴はブルブルふるえているかのように、かすかに動いている。そして色も次々に変っていく。その変化はまるで生命のあるもののようだ。時々、キラリと目を射るように光ったりする。宝石を並べたようでもあり、また一つ一つの水滴の中にそれぞれ何かの世界があるにちがいないと空想させたりする。

アラビアンナイトのアラジンが魔法のランプを取りに行く途中、果実の林を抜けてゆく時、その果実はすべて赤や緑や青の宝石だった。アラジンはこの宝石を次々に取ってポケットにねじ込んだと書かれている。私はこのお話を思い出しながら雫を見ていた。先端の滴は松葉に横一列にならんで少しずつ葉先のほうに押し出してゆく。先端の滴はこらえにこらえているが、どうしようもなく落ちていく。

私は学校のことも、母に寝坊を叱られることも忘れてこの美しいながめに見とれていた。今だにこの時の生きているような光の美しさをに忘れることがない。

（随想集『約束』より）

第四章　聖書の教えと親の背中

聖書の中の長寿と老い

創世記前半に登場する人々の長寿には驚かされます。最初の人アダムは九三〇歳まで生きたとされていますから、度外れの長さです。このことは創造のはじめにおいて人間に与えられていた祝福の大きさを象徴するものと理解できるでしょう。アダムの子孫は総じて長生きで、七代後のメトシェラの九六九歳が最長記録でした。

メトシェラの孫がノアなのですが、洪水の顚末が記される直前にこのような記述があります。

主は言われた。「わたしの霊は人の中に永久にとどまるべきではない。人は肉にすぎないのだから。」こうして、人の一生は百二十年となった。

（創世記六章三節）

この言葉の中には、ご自身の似姿として人間を創造なさった神さまの、落胆と諦めが響いているように聞こえます。それは続く箇所の以下の記述と呼応するものです。

主は、地上に人の悪が増し、常に悪いことばかりを心に思い計っているのを御覧になって、地上に人を造ったことを後悔し、心を痛められた。主は言われた。
「わたしは人を創造したが、これを地上からぬぐい去ろう。人だけでなく、家畜も這うものも空の鳥も。わたしはこれらを造ったことを後悔する。」
（同六章五〜七節）

すべてを地上からぬぐい去る洪水を経て、ノアの選び、箱舟の救いと虹の契約によって人の歴史は再出発することになりますが、「百二十年」という前述の数字はその後の人類を長く制約するものになりました。

ギネスブック二〇一七年版によれば、女性ではフランス人ジャンヌ・ルイーズ・カルマンさんの一二二歳が史上最高齢、男性では木村次郎右衛門さんの一一六歳が最高齢と認定されているそうです。医療や福祉が飛躍的に進歩した今日においてもなお一二〇歳前後に超えられない壁が存在するわけで、創世記の卓見に驚かされます。

とはいえ、洪水後の人間の寿命はしばらくの間、至福の時代の余韻ともいえる長さを与えられており、ノアは九五〇歳とメトシェラに近い長寿でした。その後は代を重ねるごとに寿命が短くなり、アブラハムの父であるテラは二〇五歳です。アブラハム一七五歳、イサク一八〇歳、ヤコブ一四七歳、ヨセフに至ってついに一一〇歳と「百二十年縛り」の中におさまるようになりました。ヨセフに始まるエジプトへの寄留時代を経て、出エジプトを率いた預言者モーセが一二〇歳で召されたという記事は、人として最大の祝福を彼が与えられていたことを示唆するでしょう。

モーセを最後として、預言者や王たちの地上の年数に関する細かい記載は聖書の中に見られなくなります。検証可能な歴史の時代に入って人物の記述が詳しくなり、単純な年月の長さではなく、人生の時間の中で神とどのように関わったかが問題にされるようになった証左でもあるでしょう。

たとえばダビデとソロモンの父子の姿は、老いの日々について重要な示唆を与えています。若い日にバト・シェバへの欲情に駆られてウリヤを死に至らしめ、重い罪を犯したダビデでしたが、その後は忠実な神の僕《しもべ》として歩み続け高齢に至りました。最後にはどれほど厚着をしても、国中から選りすぐった若い美女の世話を受けても、どうにも体が温まらなくなったと記されていますが、そんな中でも自分亡き後の後継者としてソロモンを指名し、政敵の処遇について明確に指示を残しつつ人生を終えていきます。

その父の王国を受けついだソロモンは、知恵と力に満ちた四〇年にわたる支配で古代イスラエルに最盛期をもたらしました。同時に王の進める近隣との通婚政策に伴って、ソロモンの後宮には数多くの異教徒の王妃たちが入り込みます。そして「ソロモンが老境に入ったとき、彼女たちは王の心を迷わせ、他の神に向かわせ」ることになりました（列王記上一一章四節）。若い日の過ちに学んで神に従う老境を歩んだ父ダビデと、若い日の自己過信が招いた毒に老境に至って蝕まれた息子ソロモン、父子の歩みはまことに対照的です。

新約聖書に目を転じるとき、老いの祝福を示すものとしてひときわ輝かしい存在が、ルカ福音書に描かれたシメオンです。幼子イエスを律法に従って主に献《ささ》げるため、両親がエルサレムの神殿に連れていったとき、そのことは起きました。

エルサレムにシメオンという人がいた。この人は正しい人で信仰があつく、イスラエルの慰められるのを待ち望み、聖霊が彼にとどまっていた。そして、主が遣わすメシアに会うまでは決して死なない、とのお告げを聖霊から受けていた。シメオンが〝霊〟に導かれて神殿の境内に入って来たとき、両親は、幼子のために律法の規定どおりにいけにえを献げようとして、イエスを連れて来た。シメオンは幼子を腕に抱き、神をたたえて言った。
「主よ、今こそあなたは、お言葉どおり　この僕を安らかに去らせてくださいます。わたしはこの目であなたの救いを見たからです。これは万民のために整えてくださった救いで、異邦人を照らす啓示の光、あなたの民イスラエルの誉れです。

（ルカによる福音書二章二五～三二節）

シメオンの長寿には明確な理由があり、彼はその人生の中で必ず救い主に出会うことが約束されていました。ということは、救い主に出会ったときがシメオンの地上の人生の終わるときでもあるのですが、シメオンはそのことを嘆くどころか心から喜んで神を賛美するのです。

「主よ、今こそあなたは、お言葉どおり、この僕を安らかに去らせてくださいます。」何と柔和で満ち足りた至福の言葉でしょうか。人生の目的が全うされたことを腕の中に確かめ、希望を次の世代に託して老人は去っていくことができます。祝福された者であるシメオンが祝福を伝える者になっている姿をも、そこに見ることができるでしょう。老いの祝福は寿命の長さによるのではなく、祝福されることと祝福することの流れるような循環の中にあることを、シメオンの姿が鮮やかに示しています。

ラテン語で表された最初の二語、「ヌンク・ディミティス"Nunc dimittis"」（「今こそ主よ、僕を去らせたまわん」）はシメオンの賛歌の代名詞となり、東西教会の日課の中で日々朗詠されてきました。「老いと祝福」の究極の形です。

年長者の思いとレハブアムの蹉跌

私の属する教会に、壮年男性の会があります。女性たちの活動に触発され負けずに盛りあがろうとするのですが、教会に限らずこういう場面ではどうしても男性の不器用さが目立ちます。

もっとも、壮年会がいつのまにか老年会に変わっているのは、男性も女性も似たようなもので、先日の例会でも老いの話に花が咲きました。この日は、精神科医の和田秀樹氏が書いた『80歳の壁』（幻冬舎）という本を紹介した人があり、その内容について皆が論じ合っています。

「『自分が好きなことをする』のは大いに結構」

「『健康診断は受けないほうがいい』はさすがに乱暴だろう」

「そもそも著者は何歳なのか？」

それぞれの領域で長年にわたって活躍してきた人々ですから、何が話題になっても一家言ある論客ぞろいです。

やがて話題はウクライナ紛争に及び、日頃から政治に対する関心の深いXさんがこんなふうに論じました。

「一番悪いのはロシアのプーチン大統領だが、その次に悪いのはアメリカのバイデン大統領である。バイデンがプーチンとの首脳会談で『アメリカは口を出さない』と言ったので、プーチンが侵攻に踏みきった。アメリカがちゃんと釘を刺しておけば、こんなことにはならなかったのだ」

Xさんはさらに続けました。

「バイデン氏がそのように状況判断を誤ったのも、まもなく八〇歳という彼の高齢のためである。一九六二年のキューバ危機と比較すれば違いは明白で、当時ケネディ大統領は四五歳だった。そうした若い決断力こそ、今求められているものである」

この主張には賛否両論あるところでしょうが、最後にXさんが次のように締めくくったときには、参加者一同が大きくうなずいたものでした。

「我々高齢者も、意見は大いに言ったらいい。若い人たちが知らないことを我々が知っている例も数多くある。ただし責任ある地位は若い人々に譲り、柔軟な頭の若い人々に判断を委ねなければならない。そのようにして老害を及ぼさないようにするのが、高齢者の心得というものだろう」

若い人々と高齢者の意見の違いや対立について、旧約聖書の中に興味深い物語が記されています。
繁栄を謳歌したソロモン王の死後、王位を継いだのは息子のレハブアムでした。前王の時代に栄華を支える重い税金や労働の軛《くびき》に苦しんでいた民衆は、こうした負担を軽くしてくれるよう新たな王に願い出ます。この願いを受けた王は、まず前王の時代から政治にあずかってきた長老たちに相談します。長老たちは民の願いを聞いて優しい言葉をかけるよう助言します。次に王は、自分と共に育ち自分に仕えてきた子飼いの若者たちに意見を聞きます。すると彼らは長老たちとは正反対に、民にいっそう重い負担を負わせるよう進言してこう言います。

「民に、こう告げなさい。『わたしの小指は父の腰より太い。父がお前たちに重い軛を負わせたのだから、わたしは更にそれを重くする。父がお前たちを鞭で懲らしめたのだから、わたしはさそりで懲らしめる。』」
（列王記上一二章一〇〜一一節）

これを聞いた王は長老たちの勧めを捨て、若者たちの進言を採用して民の願いを拒絶します。失望したイスラエルの民衆はダビデ王家に対する信頼を失い、王のもとを去ってそれぞれの天幕に帰っていきました。こうしてダビデが築きソロモンが発展させた十二部族による統一王国はもろくも分裂し、新王レハブアムはエルサレムを中心とする南部二部族のみの王にとどまることになるのです。

この物語を読むとき、私はいつも武田勝頼の逸話を思い出します。戦国最強と恐れられた武田勢の棟梁である信玄の死後、跡を継いだ勝頼は偉大な父の影に悩み続けました。そして運命を分ける長篠の戦いでは、自重を勧める年長の重臣たちの諫《いさ》めを振り切って渡河攻撃を仕掛け、待ち構えた織田・徳川軍の前に壊滅的な敗北を喫してしまいます。

レハブアムと武田勝頼に共通していたのは偉大な父親に負けまいとする過剰な競争心であり、そのために冷静な判断ができなくなったことでしょう。自分自身の若い頃を思い出しても、父親やそれに似た立場にある先輩に負けまいとする気持ちは非常に強く、それが向上の原動力にもなる反面、時に判断を曇らせることがあったと思います。家庭や組織の運営にあたって軽視できない心の機微でしょう。

Xさんの言うとおり、経験を踏まえて言うべきことは十分に言いながらも、若い人々を萎縮させたり過剰な反発心を誘発したりすることのないよう言葉と表現を選び、とりわけ大きな責任を負う壮年世代のために祈りつつ見守る姿勢を持ちたいものだと思います。

高齢者の役割

どこの教会でも、高齢の方々を覚える礼拝が折に触れて行われるでしょう。私が帰省先で通う教会にもそれがあります。ある年のその礼拝の中で、M牧師が高齢の方々の役割を二つ挙げました。

第一に、それぞれが人生の中で与えられた恵みと祝福について語り伝えること
第二に、祈ること、とりわけ若い人々のために祈ること

この二つのことに、ぜひ力を貸してほしいと高齢の教会員に訴え励ましたのです。その場では何となく聞いていましたが、後から考えるにつれ、これらのことの意味の重さが強く感じられるようになりました。

イエス・キリストの生涯について記した福音書が新約聖書の中に四つあります。このうち最も早く成立したのはマルコによる福音書で、西暦六五年から八〇年頃のこととされています。このタイミングは何を意味するのでしょうか。

福音書のテーマであるキリストの死と復活は、西暦三〇年頃の出来事とされます。その直後には主イエスの生涯と十字架の出来事を直に目撃した証人たちの口伝えによって、信仰が広まっていきました。まさに「恵みと祝福を語り伝える」行為によってキリスト教と教会が立てあげられていったのです。

年を経てそうした目撃証人が次々に地上を去っていくにつれ、彼らが語ってくれたことを文字に記して後世に伝える必要が生じました。そのようにして編まれたのが福音書です。そのように考えるなら「人生の中で授かった恵みと祝福について語り伝える」という作業は、福音書記者たちの働きと基本的に同質のものであり、キリスト教信仰の根本をなす大切な働きなのです。そして現実にも、そうした先輩信徒たちの証に導かれて代々の教会は歩み続けてきました。

加齢とともに心身の働きが衰え、若い人々にあらゆる面でかなわなくなるとしても、ただ一つ絶対に負けないのは生きてきた時間の長さであり、人生経験の豊かさです。貴重な恵みの体験を死蔵することなく、大いに語ってくださいとM牧師は語ったのでした。

このことは各方面で活躍する語り部の働きを連想させます。二一世紀に入って二〇年を過ぎ、戦争や被爆の体験を語ってくれる人々が年々少なくなってきました。今日では映像や音声を記録することもできますから、そうした技術を動員しつつ未来に向けて語る努力が続けられていくでしょう。

　ただ、こうした語り部の働きが、戦争や大規模災害などつらく悲しい体験に限られがちなのが残念です。良いこと、うれしいこと、感謝すべきことなども語り伝える価値がありますし、そうしたことこそしっかり伝わってほしいのです。歴史が新しいうえ劇的な建国物語を持つアメリカ合衆国では、そうした建国物語が独立記念日などに繰り返し語られることによって人々の一体感と希望が鼓舞されています。一方、すぐれて長い歴史を持ち、海に囲まれた島々の中に生きるのがあたりまえになっている日本人の場合、人々の一体感や希望を支える「語り」がかえって見あたらないようです。

　そんな中でM牧師の勧めは教会に集う高齢者を励ますばかりでなく、広く一般の高齢者を「語り部」としての役割に招くもののようにも感じられました。私たちが若い人々に語り伝えるべきこと、語り伝えたいことは、いったい何でしょうか。それを探すのも「統合」の作業の大事な一部分かもしれません。


　さて、しかし教会で高齢者に「恵みと祝福について語ってください」などとお願いしても、二つ返事で引き受けてくれる人は少ないのではないでしょうか。「私などは信仰の薄い、頼りない信徒ですから」「お話しするほどの立派な経験は持っていません」などと尻込みする人が多いだろうと思います。

もちろんそこには謙遜の気持ちが働いており、まずは辞退するのが遠慮深い日本人の平均的な反応でしょう。けれども、仮に自分自身が受けた恵みの体験を「とるに足らない、つまらないもの」と本気で思っているとしたら問題です。それは、主イエスが十字架にかかってくださったことを「とるに足らない、つまらないこと」と言っているのと同じです。私自身を誇るのではなく、私のような者に主が手を伸べてくださった経験を語るのであれば、それを卑下する理由は一つもありません。

私たちは主を誇ることによって、自分自身はつまらない者であっても世界に向かって胸を張ることができます。パウロが「喜んで自分の弱さを誇りましょう」（コリントの信徒への手紙二一二章九節）と述べているとおりです
このことは精神医療や心理臨床の領域にも応用できると私はかねがね思っています。今日では自尊感情や自己効力感（目標を達成するための能力を自らが持っていると認識すること）の不足に悩む人が多く、とりわけ若い人々から「自信が持てない」という相談を受けることがしばしばです。それぞれさまざまな背景や事情がありますから一概にくることはできないのですが、伝えたい返事は胸の中では決まっています。

「自信などは必要ない」というのがその返事です。必要なものはすべて主が備えてくださ

るなら、どうしてそのうえ自信を求める必要があるでしょうか。

もちろん何をするにも努力は必要です。準備も必要ですし、自分の能力に関する冷静な見きわめも必要です。しかし自分にできる準備を一通りしたのであれば、あとは安心してその場に臨むだけです。必要なことは主が備えてくださるのですから。「人事を尽くして天命を待つ」という古来の表現も、意味するところは同じでしょう。


話が逸れました。

「語れるほど立派な経験は持っていないのに」と萎縮しそうになるときは、使徒ペトロのことを思い出しましょう。情熱ばかりが先走って繰り返し主イエスにたしなめられ、「サタン」とまで叱られたあげく、土壇場で主を三度も否んだシモン・ペトロです。彼が自分の経験を恥じて口をつぐんでいたら、福音の大切な一部分は永遠に伝わらずに終わったでしょう。クリスチャンの迫害者であったパウロにしても同じことです。

非の打ちどころのない立派な信徒が見事な証しをするのを聞いたら、私たちは感心し賞賛する一方で自分の至らなさに恥じ入ってしまいます。右往左往し、立ち上がっては転び、それでも主が見放さずにいてくださったことを率直に語ってくれる人こそありがたいのです。

恵みの体験を語り伝えるのに萎縮することはありません。頼りない信徒の内緒の打ち明け話こそ、後に続く者の何よりの励みなのですから。

曾祖父の決断

「恵みの体験を語り伝えるのに萎縮することはない」という自分自身の言葉に励まされ、家族のことに触れてみようと思います。

父方の曾祖父は明治早々の生まれで、小柄ながら生命力にあふれた活動的な人でした。九〇歳過ぎまで長命したものの、私が二歳のときに亡くなったので直接の記憶はまったくありません。それでもこんなふうに見てきたように語れるのは、家庭の中で曾祖父の逸話が語られてきたからです。とりわけ人生の最終幕における曾祖父の一つの決断について、幼いときから繰り返し聞かされて育ちました。

曾祖父の生家は四国の田舎の一帯を仕切る豪農で、曾祖父はその跡取りでしたから人生のほとんどの時期を通じて経済的には豊かでした。好奇心旺盛で興味関心の広く深かったことが、残された蔵書や家具調度からうかがわれます。その壮年期に建てた家は築百年を経た今でもびくともしません。

　行動的な人で旅行好きでもありました。その息子つまり私の祖父は陸軍に召集され、中国南部で一〇年近くも軍務に服しましたが、戦況が有利で比較的のんびりしていた時代に曾祖父は台湾に旅し、そこから中国に渡って息子を慰問する計画を立てたといいます。さすがに当局の許可が下りず実現に至りませんでしたが、恐れを知らない曾祖父の人柄をよく表す逸話です。

　このようにすべてに恵まれ達意の人生を送ってきた曾祖父が、老齢に至って思いがけない困難に見舞われます。

　周知のとおり、日本は戦争に敗れました。従軍していた息子も、士官学校を卒業したての孫（私の父）も無事に生還したことは幸いでしたが、その後ＧＨＱの指導下に農地改革という大変革が行われました。それまで少数の地主が所有していた農地を強制的に再分配して自作農を創設するというものです。歴史の進歩ではあったでしょうが、土地を所有していた側にとっては当然ながら大変な痛手でした。

　とりわけわが家は、外地から引き揚げてきて苦労している地元の人々のため、所有していた山林をほぼ無償で自ら分配していたのです。そこに農地改革が加わって山林と田畑の一切合切を一時に失い、一家は経済的基盤を失いました。父をはじめとする四人の若者たちは家の援助を得ることができず、自力で苦学しなければなりませんでした。

こうした激変と家運の凋落《ちょうらく》を八〇代の高齢で経験した曾祖父の苦衷は、察するに余りあります。そんな中で曾祖父は一つの決断をしました。臨済宗の古刹の檀家総代を務めたこともある曾祖父がなぜかキリスト教に関心を持ちはじめ、書籍などを通して盛んに勉強したあげく、ついに改宗を決意したのです。

後に祖父母も通うようになった近隣の教会は、海辺で全身を海水に沈める浸礼を行っていました。老衰が進んで床に伏しがちになっていた曾祖父の洗礼がどのように行われたか、残念ながら記録などは残っていません。

ただ一つはっきり伝わっているのは、曾祖父が寺の住職を家に招き、ねんごろに挨拶したという事実です。「これまでいろいろと世話になったが、自分はキリスト教徒として死ぬことに決めたので、そのように了解してほしい」。あらましそのようなことを伝えたといいます。

死後に葬儀をめぐって混乱が起きないようにとの配慮もあったでしょうし、十数代にわたって家の法事を委ねてきた寺に対する儀礼であったかもしれません。いずれにせよ最晩年に襲ってきた混乱と困難の中で、曾祖父はこのような形で人生の霊的な仕上げをしたのです。それは、エリクソンの指摘する「統合」の一つの形でありました（第二章の「エリクソンと統合の季節」参照）。そしてこのことが、その後に代を重ねるわが家の信仰の始めとなりました。

「これでよし」と肩の荷を下ろしたかどうか、その後まもなく曾祖父は静かに地上の生を終えました。寺に対してきちんと別れの挨拶をしたうえでキリスト教に入信した曾祖父の姿が、歳をとるにつれ私の心の中に明るい像を結ぶようになっています。

岳父のこと、母のこと

妻と私とあわせて四人の親があります。結婚したときには晴れやかな笑顔でそろって祝福してくれた親たちを、やがて見送ることになるのだと覚悟していましたが、ある年に相次いで二人の親が旅立っていったのは想定外でした。心の内も外も混乱する中、喪の作業を夫婦で共有することができたのは慰めでしたけれども。

この年に召された二人の親の、対照的なように見えて不思議に通底する老いの姿を、少しだけ振り返ってみようと思います。

岳父は大学の医学部で教授を務めた解剖学者でした。熱烈なカトリックの信徒であり、解剖学者としての矜持《きょうじ》も人体のしくみを通して創造の摂理を明らかにするところにあったのだと私は思います。

お酒が大好きで議論好きでもありましたから、プロテスタントで医者の端くれの私などは絶好のカモだったでしょう。カモの方もネギと一緒に煮られてばかりはいられませんから、応酬するうちに議論が紛糾して収拾のつかなくなることもありました。五人の子どもたちと、それぞれの配偶者やその子どもたちをこよなく愛し、歌うことが大好きで長らく教会の聖歌隊を指揮していました。

そのように人生を存分に楽しんでいた岳父でしたが、八〇代の半ば過ぎから急速に弱ってきました。あれほど楽しんでいた多くのことに次第に興味を示さなくなり、とりわけお酒を飲まなくなったときには、家族一同ほんとうにびっくりしました。

足が弱って近所の教会のミサにあずかることもままならず、介護にあたる義母の負担も日増しに大きくなり、やがて施設に移りました。この時期に不思議だったのは、若い頃から癇癪《かんしゃく》持ちだった岳父が、人が変わったように温厚になっていたことです。「優しくて穏やかな方」「癒やされます」などとスタッフが言うのを聞いて、家族は笑いをこらえたものでした。

その後も衰弱は進み、やがてベッドの周りに子や孫たちが集まって皆が聖歌を歌う中、静かに息を引きとっていきました。

弱りはじめてからの岳父の足取りは、振り返ればまことに坦々たるものでした。豊かに賜っていたものを次々に手放し、重ね着していた衣服を一枚ずつ脱ぎ捨てるように身一つになって旅立ったのです。岳父は自身に与えられた祝福に満足しきっていたでしょう。それは、あたかもヨブ記一章二一節の言葉を身をもって示すかのようでした。

「わたしは裸で母の胎を出た。
裸でそこに帰ろう。
主は与え、主は奪う。
主の御名はほめたたえられよ。」

岳父の他界から百日ほどして、私の母が天に召されました。検査入院先の病院で静かに過ごしており、昼食を済ませたあとの午後の休息のさなかに突然、心臓が動くことをやめたのです。この経緯が象徴するように、岳父とは対照的な母の晩年でした。

結婚後は専業主婦として家庭を支えた母でしたが、若い頃からの旺盛な好奇心と読書意欲は高齢に至っても衰えることがありませんでした。八〇代に入ってからパソコンを使うようになり、東京の書斎で私がブログを更新しておくと、読んだ感想を母が田舎からメールでよこすというやりとりが、九四歳で亡くなる直前まで続いていました。

母の兄が二三歳の若さで戦死したことは、この本の冒頭に書いたとおりです。その体験があってでしょう、母は戦争や暴力を憎む気持ちが人一倍強く、いつも見えない敵と戦っているような思いつめたところがありました。けれども五〇代の半ばを過ぎてプロテスタント教会で洗礼を受けて以来、ふっと肩の力が抜けていったように思われます。「自分の代わりに主イエスが戦ってくださっている」といった、信仰に基づく安心感がもたらした変化であったかと思います。

あるとき教会の集まりで「死んだらどうなると思いますか?」と牧師先生に聞かれ、「難しいことはわからないけれど、その時が来たらイエスさまが何とかしてくださると思います」と苦しまぎれの答えを返したところ、思いがけず「それでよいのです、それが大事です」と大いに褒められたことを照れくさそうに話していました。

「イエスさまが何とかしてくださる」というこの信頼が、後半生の母を明るくさせていたに違いありません。

亡くなる数年前のことですが、何かのはずみに母がふと「私、死ぬ気がしないのよ」と口にしました。どういう意味かと尋ねると、「うまく説明できないけれど、ともかくそういう感じ」と微笑んでいたものです。これまた信仰と安心の表現と察しはしたものの、謎めいた言葉と表情がずっと心にかかっていました。

そして今、この原稿を書きながら思いあたっています。

第二章の「離脱から超越へ」で紹介した社会学者のトルンスタムが老年的超越を解説する中で、「死と生を区別する認識が弱くなり、死の恐怖が消えていく」と述べたのは、まさにこのようなことではなかったかと。

このように同じ年に相次いで召された岳父と母が離脱と超越のお手本を示してくれていたことを、四年を経た今にして感じるのです。

岳父の他界後に家族が集まったとき、「寂しいけれど、さわやかです」と義弟の一人が言いました。母の他界後にこれを思い出し、「寂しいけれど、あたたかい」と感じている自分に気づきました。

老いの歩みも、旅立つ姿も、こうして後の者の心の中に生き続けていきます。

存命の喜び

老いについて考えていくと、話はいつの間にか生死の問題に収斂《しゅうれん》していくことを、ここまで繰り返し見てきました。「明日をも知れぬ人の命」とは人生全体を通していえることですが、それが確かな実感をもって迫ってくるのが高齢期の特徴ともいえるでしょう。このことに関連するいくつかの文章をここで見ておきたいと思います。

「人、死を憎まば、生を愛すべし。存命の喜び、日々に楽しまざらんや。」

『徒然草』第九十三段の言葉です。この言葉の前提としてある逸話が紹介されています。牛を売ろうとする人と買おうとする人があったのですが、牛と代金とを交換することになっていた日の前夜に牛が死んでしまいました。買おうとしていた人にとっては不慮の損害を未然に防ぐことができ、牛の持ち主はせっかくの牛を売り損ねたのですから、前者の得、後者の損であったことは明らかです。

ところがこの話を聞いていたある人が、こんなことを言い出しました。

「牛の持ち主は確かに大損をしたけれども、一面、大きな得をしたともいえる。今は生きていても、明日をも知れない命であるのは牛の例が示すとおりで、人も同じことなのだ。はからずも牛は死んだが、持ち主は生きている。そのことを思えば牛の代金などは何ほどでもない。万金に値する命をながらえたその人は、決して損をしたとはいえない」

これを聞いた周りの人々が、「それは一般論というもので、この牛の話ではなかろうに」と嘲笑うのに対して、くだんの人がさらに言い募ったのが先の言葉です。

「誰しも、死ぬのが嫌ならば、生を愛するがよい。現に命を与えられている一日一日を楽しまない法があろうか。生を愛することを忘れて目先の欲得を追求するなら、けっして満たされることはなく、死に臨んで後悔するばかりだろう。生きている今を楽しまないのは死を恐れないから、否、死が身近なものであることを忘れているからだ。もっとも、生死の問題など超越しているというのなら、それは真理に到達したものといえるだろうが」。これを聞いて、人々はさらに嘲り笑うのでした。

「ある人」の言葉として紹介され、商いの場ではさんざんに嘲笑されるばかりの一連の言葉に、著者・吉田兼好の死生観が表れているでしょう。中世日本の死生観といえば、仏教的な無常観や現世に対する諦念といったものをまず思い浮かべますが、現に生きている今日この日を楽しみ愛せよという勧めも、このとおり確かに存在したのです。「存命の喜び、日々に楽しまざらんや」とは力強い命の讃仰です。

兼好は原文中で「楽しむ」という言葉を繰り返し用いているのですが、その意味にも注意が必要です。文脈から考えて、この言葉は「享楽的に快を追い求める」という意味での「楽しむ」ではありえず、その逆を指し示すもののはずです。「感謝する」と言い換えることもできるような、命に対する畏敬と集中がそこに表れているでしょう。

そのように読むとき、この徒然草第九十三段が、福音書のある箇所と酷似していることに思いあたります。イエスの名声を聞いて集まってきた群衆の中から、見当はずれにも「先生、わたしにも遺産を分けてくれるように兄弟に言ってください」という声が上がったとき、これを受けてイエスが一同に語られたたとえ話がそれです。


「どんな貪欲にも注意を払い、用心しなさい。有り余るほど物を持っていても、人の命は財産によってどうすることもできないからである。」

それから、イエスはたとえを話された。「ある金持ちの畑が豊作だった。金持ちは、『どうしよう。作物をしまっておく場所がない』と思い巡らしたが、やがて言った。『こうしよう。倉を壊して、もっと大きいのを建て、そこに穀物や財産をみなしまい、こう自分に言ってやるのだ。「さあ、これから先何年も生きて行くだけの蓄えができたぞ。ひと休みして、食べたり飲んだりして楽しめ」と。』

しかし神は、『愚かな者よ、今夜、お前の命は取り上げられる。お前が用意した物は、いったいだれのものになるのか』と言われた。自分のために富を積んでも、神の前に豊かにならない者はこのとおりだ。」

（ルカによる福音書一二章一五〜二一節）

このように現世の富を追い求めることの虚しさを指摘した後で、イエスは「尽きることのない富を天に積みなさい」（同一二章三三節）と勧めるのでした。

ロシアの文豪トルストイは民話仕立てで人生について語る名人でもありました。その中から右と同じ系統のものを、もう一つ見ておきましょう。『人にはどれほどの土地がいるか』（『トルストイ民話集　イワンのばか　他八篇』中村白葉訳、岩波書店）と題されたものです。

主人公である農民のパホームは、土地こそが安心の基であり土地さえ十分もっていれば悪魔など恐るるに足りないと信じていますが、悪魔はその思いをちゃんと聞きとっていて、逆に罠を仕掛けます。

パホームは広大な土地を所有する不思議な人々と出会い、不思議な取引をもちかけられます。それは一千ルーブルという大金を支払う代わりに、ある一日の夜明けから日没までに好きなだけ広い土地を歩いて回り、その道筋によって囲んだ土地をすべて自分のものにできるというものでした。ただし、日没までに出発点に戻ってこないと、土地は手に入らず代金は没収されてしまうという条件付きです。

喜んだパホームは夜明けとともに意気揚々と出かけ、広々とした大地を印をつけながら歩き回るのですが、ふと気づくとずいぶん遠くまで来てしまっており、そして早くも陽が傾きかけています。仰天したパホームは、沈んでいく夕陽と競いながら死に物狂いで出発点へ駆け出し、日没寸前にたどり着いたものの疲れ果ててそのまま息絶えてしまいます。

パホームの使用人は彼の亡骸を長辺六フィートほどの墓に納めました。それが「人にはどれほどの土地がいるか」という題名に対する答えとなったのでした。

富も土地も権勢も、私たちの魂を滅びから守ることはできません。わかりきったことですが、わかりきったはずのことが本当にわかってくるのは老いの日々においてでしょう。私たちの本当の宝をどこに見いだしどこに蓄えるか、それは一人一人が考え抜いて決断しなければなりません。

私たちにはその時間が与えられており、そこで見いだされた答えには人生全体を輝かせる力があることを、先人たちが教えてくれています。

孤独——死に至る病

本書の執筆中に『プラン75』という映画が話題になりました。日本人の女性監督の作品で、公開と同時に世界から注目が集まった力作です。

映画は近未来の日本を舞台としていますが、そこでは人が七五歳になると自分の生死を選択できること、それが超高齢社会への対策として制度化されていること、選択は自由という建前はあるものの若い人々や社会のために死を選択してほしいという圧力が存在すること、そして「自己責任」という言葉が人々を陰に陽に呪縛していることなど、今日の現実を鮮やかに反映した設定です。主演が倍賞千恵子さんで、さすがの衝撃的な出来ばえです。

老いの日々が、祝福どころかその正反対へ振れつつある実情を活写するものと見る前から想像し、そこで抱いていた推測がありました。映画の中では「孤独」が隠しテーマになっているのではないかということです。この推測には理由がありました。

「自ら死を選択する」ということについて、私たちの社会はつい最近とても痛ましい出来事を経験しました。難病のＡＬＳ（筋萎縮性側索硬化症）で闘病中の女性が死を望んだのを受け、複数の医師が手を貸して死亡させたという事件です。

安楽死や尊厳死は現代の医療に突きつけられた重いテーマです。しかし、この件ではそれ以前に、この女性が必要な支援を与えられていたかどうかを問わねばなりません。難病の患者さんたちは、しばしば極端に孤独な状態に陥ります。病そのものがもたらす身体的な困難以上に、誰からも注目されず孤立無縁であることが当事者を精神的に苛《さいな》むのです。女性が死を望むに至ったのは本当に病気が原因なのか、それとも孤独がもたらした結果だったのか。

それを問うこともせず、闘病者を孤独から救い出す方途を講じることもないままに、「死にたい」という人に「はい、そうですか」と手を貸すことが医師のとるべき道かどうか。当該医師らへの審判は法の手に委ねられることになりますが、難病の患者さんたちを孤独のうちに放置している現状については私たちもまた責任があります。そして高齢者の事情も本質的に同じものではないかというのが、先の私の推測の根拠でした。

事実『プラン75』の世界では、高齢者たちは深い孤独のうちに置かれています。ＡＬＳの患者さんの闘病が当事者と家族の自己責任・自助努力に委ねられているのと同じく、老いの日に生きがいを見いだして豊かに生きる作業も自己責任・自己努力に任されているのです。人が生きるということは、生かされるということでもあります。ふと気づけば周りに友だちも仲間もなく、自分を生かしてきた力が身の内から薄らぎ消えていくのを感じるとき、人は風を失った凧のように静かに落ちていくしかありません。そのように静かに消えていく高齢者を、映画は描いているのではないでしょうか。

キエルケゴールのひそみに倣っていうなら、今日の社会においては「孤独」こそが死に至る病であるといえそうです。

孤独が災いであること、人を支えるには孤独を解消せねばならないことには、第三章の自殺の項でも触れました。その対策を考えるにあたって、高齢者をとりまく側の責任がまず重要であることはいうまでもありません。自ら求めて孤独を選ぶ人は少なく、大多数の高齢者は心ならずも孤独のうちに置かれているからです。自分もやがて歳をとることを思えば、高齢者の孤独を解消し予防する作業が昨今はやりの「自分事」であるのは明らかです。

しかし一方では、どれほど社会の側で十分な備えをしても、事の性質上「老い」にはどうしても孤独がつきまといます。人より長生きするということは、その分だけ人を見送らねばならないということ、九〇代半ばの父を見ればそのことがよくわかります。一〇代の頃に志と生活を共にした紅顔の少年たちは既に大半が鬼籍に入り、家族の意向で消息すら知らせてもらえない旧友もあります。友人・知人の訃報に接することが小学校から職場に至るまでのあらゆる人間関係で繰り返されるにつれ、父の表情には悲しみよりも諦めが浮かぶようになりました。そのうえ六〇年以上連れ添ってきた母に先立たれたときには、どれほど寂しかったことでしょう。

そんな中でも独立独歩の生活を維持し、毎日の電話に明るい声で出てくれるのは、親孝行な息子夫婦と優しい孫たちの勲章と思いたいのですが、そんな甘いものでないことは承知しています。そこであらためて考えるのです。

人を孤独に立ち向かわせ、克服させる力はどこから来るのかと。

孤独を克服させる力

本稿執筆中に、令和四（二〇二二）年版「高齢社会白書」が閣議決定されました。ニュースの見出しに「高齢者の二割が『生きがい持たず』」と大書されています。

記事によれば、内閣府が二〇二一年一二月に六五歳以上の高齢者およそ二〇〇〇人を対象に行った「生きがい」に関する調査結果において、「生きがい」を「感じている」と答えた人は全体の七二・三パーセントだった一方で、「感じていない」と答えたのは二〇・五パーセントにのぼったとのこと。

生きがいを感じている人は収入を伴う仕事や地域の社会活動などに参加している傾向が高かったほか、「パソコンの電子メールで家族・友人などと連絡をとる」と答えた人は「情報機器を使わない」と答えた人に比べて、生きがいを感じている割合が高い傾向にあったといいます。この結果を踏まえ、高齢者が充実した暮らしを送るためには、地域での居場所を持つことや、情報格差の解消などが重要であると白書は結論しているようでした。

調査の対象や結果の解釈など、突っ込みどころはいろいろあるのですが、社会活動への参加やＩＴを用いたコミュニケーションなどが「孤独」対策になるというのは、本書の立場からもさしあたり興味深いところです。

「生きがいがある／ない」ことと「孤独を感じない／感じる」ことはさしあたり別の現象のはずですが、実際には深く連動しているのでしょう。このことからも、あらためて「孤独」対策の重要性がわかります。私は対面交流を重んじる昭和の人間ですが、電子メールのおかげで家族や友人との交流が活性化されたことは否めません。今後も使えるものは使っていきたいと思います。

そうした技術的な問題に加え、孤独を克服させるより根本的な力の由来について、ここで考えておきたいと思います。

大人になった私たちは忘れてしまっていますが、人は誰でも成長の過程において、襲ってくる孤独感との深刻な闘いを経験しています。幼い子どもが示す「分離不安」と呼ばれるものがそれです。

子育てを経験した人はご存じでしょう。それまで誰に対しても愛くるしい笑顔を見せていた幼子が、あるとき一転して母親やその代理者から離れることを極端に恐れるようになり、抱っこしようと横あいから手を出しただけで火がついたように泣くようになります。典型的には八カ月前後から一歳半ぐらいまでとされており、よちよち歩きが始まった後も母親につきまとって離れようとせず、トイレにも行かせない場面も珍しくありません。

この時期の子どもは母親の姿を目で見、その肌に直に触れていないと安心できません。その心中を察するに、お母さんがトイレに入ってドアが閉まってしまうと、あたかもお母さんが存在しなくなり、一人ぼっちで取り残されてしまったように感じるのでしょう。孤独に対する本能的な恐れ、私たちの心の奥底にある原初の恐れがそこにあります。

こうした激しい分離不安も、長くは続きません。日がたつにつれて子どもは次第に母親から離れることを学ぶようになり、安全基地である母親から周囲の世界へ探検に出かけ、また帰ってくるという作業を繰り返しながら、次第に探検する範囲を広げていきます。同時に、母親が目に見えず肌で触れられないことを以前ほど恐れなくなるのですが、それは子どもの心の中に母親のイメージが形づくられ、定着していくことによるものと考えられます。この内なるイメージによって、子どもは「目に見えなくても、ドアの向こうにお母さんはいる」と感じることができるのです。

このように大事な存在のイメージが心の中にしっかり保たれていることを指して「対象恒常性」と呼びます。対象恒常性を確立することによって子どもは分離不安を克服し、目に見えない母親の内なるイメージに励まされて、未知の世界へと出かけていくのです。このように母親との間で確立された対象恒常性は、その後の人生の中で私たちが安定した人間関係を取り結ぶ基礎となります。出会った人のイメージを内に取り込むことで、私たちの内的世界が広がり人生が豊かになっていきます。私たちが一人でいるときも、出会いの中で形成された内なるイメージは私たちと共にあり、それが私たちを孤独から守るのです。

こうして私たちの内に取り込まれた懐かしい人々のイメージ、そして「目に見えず手で触れることはできなくとも、慕わしい相手は確かに存在している」というこの感覚、一言でいうなら母親との間で確立され人々の間で豊かに育った対象恒常性こそが、私たちを孤独に耐えさせる最大の原動力ではないでしょうか。

この場合、「存在している」というのは「地上に健在である」ことだけを意味するのではありません。私たちが親を亡くしたとき、この地上で顔をあわせることや声を聞くことができなくなり、とても寂しく感じます。しかし時と共に寂しさが薄れ、懐かしい思い出や慕わしさが心の内側にあふれてくることをも、私たちは経験します。「こんなときに父ならこう言ったに違いない」「母が今でも笑顔でねぎらってくれている」などと感じる私たちの心の働きは、父母が存命であるかどうかに左右されるものではありません。内なるイメージと対話するとき、私たちにとって相手は確かに存在しているのですから。

高齢に進むにつれ、友人・知人の他界を見送る機会の増えることは先にも書きました。地上に健在な仲間はそのように減っていきますが、私たちの内なるイメージは時とともにますます豊かになっていくことができるのです。

古来、聖人と呼ばれた人々が往々にして山奥などへの隠棲《いんせい》を好み、福音書に証しされているイエス・キリストもまた一人になって祈る時を頻繁に求めたことを思い出します。この人々は、決して孤立や孤独そのものを求めたのではないでしょう。むしろ自分の内なる対象と豊かに会話し交感するためにこそ、あえて外なる喧噪《けんそう》を避けたのだと思われます。キリスト教でリトリート（日常生活から離れ、祈りに専念する霊的修養）と呼ばれるのはこのことであり、お寺で参禅することにも同様の意義があるでしょう。

私たちもまた、一人でいることを楽しむようでありたいと思います。一人でいる時間の長くなった高齢期だからこそ、親や家族、友人・知人が与えてくれた内的イメージと心ゆくまで会話することもできるでしょう。「孤独」は、物理的に「一人でいる」ことと同じではありません。親しい人々と内的にしっかり結ばれているからこそ、一人を楽しむことができるのです。信仰を与えられている人にとって、それはまた神の声に静かに耳を傾け、神に祈りを聞いていただく清浄な時でもあるでしょう。

時を経ても古びないもの、時を超えて新しいもの

本書には当初、副題を付ける案があり、その有力候補が右に記したものでした。副題には長すぎることや、本タイトルの『老いと祝福』のみで内容が十分表現できることなどから付けないことになりましたが、言葉としてはとてもよいものだと思います。加齢に伴って人間の目に見える外側が古びていくのは必然のこと、それに左右されない目に見えない宝の在りかについてあれこれ考えながらここまできました。「時を経ても古びず、時を超えて新しいもの」という言葉から連想されることをここで記しておきましょう。

「時を経ても古びない」という言葉を聞いて、私が真っ先に思い浮かべるのは「大賀ハス」のことです。

千葉市の一画にある落合遺跡は縄文時代の「船だまり（船が停泊する場所）」の遺構として注目されていました。一九五一年三月、地元の小中学生や一般市民の協力を得て一カ月にわたる発掘調査が行われましたが、はかばかしい成果が得られずにいたところ、打ち切り寸前になって中学校の女子生徒が泥炭の中からハスの実を見つけました。その後ハスの実は計三

大賀ハス

粒見つかり、植物学者の大賀一郎氏がこれらの実の発芽育成を試みたところ、最初に見つかった一粒が見事に育ち、翌年の夏には桃色の大輪の花を咲かせたのです。

このニュースは国内外に広く伝えられ、米国の雑誌『ライフ』は「世界最古の花・生命の復活」と題する記事を掲載しました。放射性同位元素を用いた正確な年代測定によって、大賀ハスは今から二千年以上さかのぼる時代のものであることが確認されています。その後、日本各地はもとより世界各国へ根分けして贈られ、友好親善と平和を伝える使節の役割を果たしてきました。

この種は、実を結んでから二千年も経過した非常に古いものでしたが、こうして立派に芽吹いて花を咲かせたことから、その質は古びることなく新鮮に保たれてきたことがわかります。そして、このハスのことを思うとき、決まって一つの聖句が浮かんでくるのです。

愛する者たち、わたしがあなたがたに書いているのは、新しい掟ではなく、あなたがたが初めから受けていた古い掟です。この古い掟とは、あなたがたが既に聞いたことのある言葉です。

しかし、わたしは新しい掟として書いています。そのことは、イエスにとってもあなたがたにとっても真実です。闇が去って、既にまことの光が輝いているからです。

（ヨハネの手紙一　二章七〜八節）

ずっと昔、旧約の初めから繰り返し聞いてきた古い掟でありながら、時に臨んで闇を払い光を輝かす新鮮な掟、その掟とは「互いに愛し合いなさい」ということでした。

新約聖書の原文を記したギリシア語には、「新しい」を意味する形容詞として「ネオス」と「カイノス」の二つが存在します。そして「ネオス」がもっぱら時間的な新しさを意味するのに対して、「カイノス」は質的な新鮮さをも意味すると説明されています。これを用いて言い換えるなら、大賀ハスはネオスからはほど遠い二千年の古さでありながら、実を結んだその日と同じくカイノスであり続けたといえるでしょう。ヨハネの手紙の筆者にとって

「互いに愛し合いなさい」という掟もまた、そのように古くて新しいものでした。「時を経ても古びず、時を超えて新しいもの」の典型がここにあります。

ついでながら、ハスという植物は水底の泥の中に根を張り、水中に長い茎を伸ばし、水上に葉を浮かべて空中に花を開かせます。土・水・空気の三層にわたって息づくその姿の中に、ある心理療法家は無意識（＝水底の泥）、前意識（＝水）、意識（＝空中）というシンボリズムを読み込み、心の統合の象徴としてハスを用いました。老いと祝福について考えてきた私たちは、これを幼・少年期（＝水底）、壮年期（＝水中）、老年期（＝空中）と読み換えてみてもよいのです。

時を経て古びないものに目を向けて過ごすとき、私たちの老いの日々は大賀ハスの花のように穏やかな美しさを湛《たた》えて開くものになるでしょう。

「古びる」という言葉からは、また一つ別の聖句が思い浮かびます。

この四十年の間、あなたのまとう着物は古びず、足がはれることもなかった。

（申命記八章四節）

これは不思議な言葉です。ここに記された四十年とは、荒れ野の四十年のこと。つまりモーセに導かれてエジプトを脱出しながら、その不信仰のために民がカナンの地に入ることを許されず、シナイ半島周辺の荒れ野でテント生活を強いられた四十年のことなのです。困難な長い時間の末に着物が古びないはずはなく、その間に足がはれなかったはずもなかったでしょう。それでも申命記の記者は「あなたの着物は古びなかった」と断言するのです。その真意は先立つ文脈の中に見いだされます。

主はあなたを苦しめ、飢えさせ、あなたも先祖も味わったことのないマナを食べさせられた。人はパンだけで生きるのではなく、人は主の口から出るすべての言葉によって生きることをあなたに知らせるためであった。（申命記八章三節）

荒れ野の四十年は単なる懲罰や神の怒りの結果ではなく、主なる神によるイスラエルの民の訓練の期間でした。これから入っていくカナンの沃野で、おいしい食物をはじめとする物質的な豊かさに触れるとき、民の心が主から離れていくであろうことを主はよくご存じでした。それを案ずる主が備えてくださった訓練の期間がこの四十年であり、そう知るからこそ申命記は「着物は古びず、足ははれなかった」と証しするのです。それは痩せがまんの強弁ではなく、心からの感謝の表現であったでしょう。感謝をもって見る目には何ものも古びることがなく、時を超えて新しく輝くのです。

感謝ということの大切さを、私は精神科の臨床医として痛感しています。それは道徳や人倫の基本として重要であるばかりでなく、人を生かす現実の力として貴重なのです。感謝できる人ほどよく回復し、感謝する力のある人は幸せに近いことを繰り返し見てきました。感謝する心にこそ、祝福は豊かに与えられています。老いの日々において、それはいっそうはっきりと示されることでしょう。

老いゆこう、我とともに

ロバート・ブラウニング（Robert Browning, 一八一二～一八八九）はイギリスの詩人です。詩に詳しくない私なども「すべて世はこともなし」というフレーズには聞き覚えがあります。

これはブラウニングの“Pippa's Song”という詩の最後のフレーズ“God's in his heaven, All's right with the world.”です。これを上田敏が「神、そらに知ろしめす。すべて世は事も無し。」と訳したとのこと（詩の邦題は「春の朝《あした》」）。

わが国では上田敏のほか、夏目漱石や芥川龍之介が彼の詩を愛好したそうで、そのブラウニングに『ラビ・ベン・エズラ（Rabbi Ben Ezra）』という作品があります。

ラビ・ベン・エズラは、一二世紀に実在したアブラハム・イブン・エズラ（一〇九二〜一一六七）のこととされます。手元の資料によれば、イブン・エズラはスペインのナバル地方に存在したユダヤ人コミュニティーで誕生しました。この地域は、当時イスラム教徒の支配下に置かれていたので、イブン・エズラはユダヤ人としての信仰と文化を継承する一方、キリスト教圏よりも進んでいたイスラム圏の学芸の影響を受けつつ人生を送りました。彼の息子は成人後にイスラム教に改宗しており、そのことは父としてのイブン・エズラに深い嘆きを与えるとともに、詩作の原動力ともなったようです。後半生の三〇年以上にわたって、スペインからバグダッドに至る流浪の生活を送りながら多くの著作を著し、詩人・思索者・ヘブル語の研究者として広く知られるに至りました。

日本では平安末期にあたる時代のヨーロッパから中東世界で波乱の人生を送ったアブラハム・イブン・エズラですが、今日ではブラウニングの詩『ラビ・ベン・エズラ』で有名になりました。とりわけその中の『老いゆけよ、我と共に』と訳される一節は、老年期に肯定的な意味を与えるものとして広く知られ、第一章（「認知症と信仰」「周囲の心得――人として向き合うこと」）で紹介した若井克子さんもまた、ご主人と最初に出版した本の末尾でこの詩句を引用なさったとのことです。

私たちもこの詩を味わうことによって、この一冊の締めくくりといたしましょう。

訳語について、あらかじめ少しだけ注釈をつけておきます。

“Grow old”という冒頭の言葉は、「老いゆけよ」とするのが定訳になっているようです（『老いゆけよ、われと共に――手島郁郎英詩講話』手島郁郎著、キリスト聖書塾）。力強い言葉ですが、「老いゆけよ」と言われると、後ろからハッパをかけられるような感じがして少々気になります。むしろその直後に“along with me”とあることが大事でしょう。「我と共に（私と一緒に）」を意味する“along with me”は、日常会話の中では“go”ではなく“come”とセットになる言葉です。

“Come along with me!”は「一緒に来いよ」であり、これからどこかへ出かけるのだとすれば「一緒に行こうよ」になるでしょう。

“Grow old along with me.”はそのように「老いていく私と一緒に老いていこう」という意味であり、背後からハッパをかける声ではなく同伴者の呼びかけです。

もう一つ、「老いていく」には「老化」とともに「加齢」の意味があり、終わりなき「成長」につながるものであることも、本書をここまでたどってくださった皆さんには既に明らかでしょう。

そのような含みを意識しながら、ご一緒に味わってみましょう。冒頭の一文はあえて定訳に逆らい「老いゆこう」としておきます。

「ラビ・ベン・エズラ」"Rabbi Ben Ezra"（冒頭部分）

Grow old along with me!
The best is yet to be,
The last of life, for which the first was made:
Our times are in His hand
Who saith 'A whole I planned,
Youth shows but half; trust God:
see all, nor be afraid!'

老いゆこう、我と共に！
最善はこれからだ。
人生の最後、そのために最初が作られた。

我らの時は御手の内にある。
神は言われる、「私は全体を用意した、
若い日はその半ばでしかない。私に信頼せよ、
すべてを見、恐れるなかれ！」

Robert Browning

おわりに

冒頭にも書いたように、「老い」をテーマとして講演する機会がめっきり増えました。急速に超高齢化が進む世相を反映したものでしょうが、コロナ禍が遷延して世の中が息苦しくなるにつれ、老いにまつわる不安もまた増幅されているようです。いかに不安を克服して明るい老年期を過ごすかが、皆の大きな関心事になっていることがうかがわれます。老年学の専門家とはいえない私ですが、その都度ありったけの知識や体験をかき集め、あれこれお話ししてきたことが積み重なって、この一冊が誕生することになりました。

作業を始めるにあたり、あらためて頭を悩ませたのは「そもそも祝福とは何か」という問題です。基本的なそもそも論ほど難しく、悩んだ末の私なりの答えを序章に記しましたが、結果的には「そんなのあたりまえじゃないか」と言われそうな単純な答えに落ち着きました。それはそれで、私にはありがたいことでした。第一章以下の個別の内容については、過不足も考え違いも多々あることでしょう。ご叱正いただければ幸いです。

書き進めるにつれ、思いがけない気づきや発見にも恵まれました。たとえば第四章で取り上げた分離不安と対象恒常性のことです。分離不安を克服して対象恒常性を確立する幼い日の作業が、人の成長の大事な一里塚であることは知っていました。しかし、このテーマが老いの日々にあらためて大きな焦点として浮かび上がってくることには、気づいていませんでした。目からうろこが落ちる思いです。

これまで出会った懐かしい人々ばかりでなく、これから出会う人々や直接出会うことのない人々まで、内なる出会いのイメージは私たちの目に見える限界をやすやすと超え、どこまでも広がり育っていきます。つながる誰もが一つの大きな命に結ばれているのを確かめながら、命の中心へと一歩一歩近づいていくこと、高齢の日々の醍醐味といえるでしょう。

さて、編集作業のアヤでここにいくらか紙幅ができましたので、本文に書ききれなかったことの中から一つ取り上げて加筆します。

磯田道史著『天災から日本史を読みなおす――先人に学ぶ防災』（中央公論新社）を読みました。大変勉強になる本です。その第二章では一七〇七（宝永四）年に起きた宝永地震とこれに伴う巨大津波が扱われ、各地に残された生々しい記録が紹介されています。以下の出来事は、現在の高知市に住んでいた武家の家族が、津波を逃れて高所へ移動する途上に起きたことでした。

「父は背中に幼い妹を背負っていた。しばらくして、津波は父の肩をひたすばかりの深さになった。かえりみると、なんと祖母が津波に流され破壊された家屋のそばで危うくなっていた。父は驚いた。そこに助けにいこうとするが、背中に子を背負っている。行かなければ、祖母は死んでしまう」

ここで、この父は現代社会では考えられない挙にでた。「しかたなく、背負った女子を波中に投げ捨て、波をしのぎ、かろうじて母のもとにいたる」。数え五歳の娘を波に投げ捨て、老母を助けにいったのである。江戸時代、孝はそれほど重かった。

伝統的な社会では、現代よりもずっと高齢者が尊重されていたことに本文でも触れました。そうした伝統的秩序は、一面ではこのように非情な選別を命ずるものでもあったのです。引用者が記すとおり、「現代社会では考えられない」ことです。現代の高齢者の大多数は、こんな代償と引き換えに自身が尊重されることを望みはしないでしょう。
時の流れとともに孝の重みが薄れる一方、子どもの権利を発見し回復しつつ、日本の社会は現在に至りました。赤ちゃんから高齢者まで、すべての人が等しく尊重される社会を今日の私たちは目指しています。もとより、現実には子どもの放置や虐待があり、高齢者に対する無視や冷遇があります。障害者の権利は十分に尊重されておらず、格差と貧困が進行する中で見通しは楽観を許しません。

それでも私たちは、前の時代より自分たちが一歩だけ進んだことを知っています。「幼」に比べて「老」に傾きすぎていたバランスを修正し、そのうえであらためて「老」の尊厳を位置づけ直す段階に私たちはさしかかりました。どんなに状況が厳しく見えようとも、人類がずっと夢見ながら手の届かなかった恵みに、現代は浴し始めています。感謝と勇気をもって歩みを進めていきたいと、あらためて思うのです。

この本の献辞として「四人の父母《ちちはは》に」という言葉を用意していたところ、担当編集者から「四人って誰ですか？」と聞かれてしまいました。お読みくださった方はご賢察くださるでしょうか、これは私自身の父母に加え、私を息子として受け入れてくれたつれあいの両親を含めて「四人」というつもりだったのです。終わりまで読まなければわからないのではないかという編集者の意見に従って、しぶしぶ「四人の」を除きましたが、おかげでかえって本意に近づけたように思われます。

年を重ねるにつれて父母に対する感謝が深くなる一方、血縁を越えた人のつながりに対する信頼と期待も日増しに強まっていきます。生み育ててくれた両親への感謝の念はそこで閉じてしまうものではなく、同様に自分を育ててくれた懐かしい人々に向けて広がり、さらには互いに育てあうあらゆる人々へのエールへと開けていくようです。大賀ハスのイメージがそこに重なります。

人には必ず父と母があります。そして自身の子を持つかどうかにかかわらず、人は人生の中で多かれ少なかれ父や母の役割を果たしながら年をとっていくのです。それが今の私の実感です。これを踏まえてすべてのお父さんとお母さんに、謹んで拙著を進呈したいと思います。

最後になりましたが、企画のはじめから校正の終わりに至るまで周到かつ綿密な導きを与えてくれた編集者の市川真紀さんに心からお礼申し上げます。

二〇二二年九月

石丸昌彦

石丸昌彦（いしまる　まさひこ）
Ishimaru Masahiko
1957年生。愛媛県出身。1979年東京大学法学部卒業。1986年東京医科歯科大学医学部卒業。1994～97年米国ミズーリ州ワシントン大学精神科留学。1999年東京医科歯科大学難治疾患研究所講師。2000年～桜美林大学助教授、教授を経て、2008年～放送大学教授。専攻は精神医学。キリスト教メンタルケアセンター（CMCC）副理事長。日本基督教団柿ノ木坂教会員。

著書に『死生学入門』（放送大学、2014年）、『統合失調症とそのケア（キリスト教カウンセリング講座ブックレット8）』（キリスト新聞社、2010年）『健康への歩みを支える―家族・薬・医者の役割（同ブックレット19）』（同、2016年）、『神さまが見守る子どもの成長―誕生・こころ・病・いのち』（日本キリスト教団出版局、2020年）『精神疾患とは何だろうか』（左右社、2021年）。訳書にH.スチュアート、F.アルボレダ-フローレス、N.サルトリウス著『パラダイム・ロスト―心のスティグマ克服、その理論と実践』（中央法規出版、2015年）など。

装幀　ロゴス・デザイン 長尾 優
写真提供　Getty Images（87、89ページ）、大久保悦子（200ページ）

老いと祝福

2022年10月25日　初版発行
2023年9月15日　3版発行

著　者　石　丸　昌　彦
発行所　日本キリスト教団出版局
〒169-0051　東京都新宿区西早稲田2-3-18
電話・営業03（3204）0422、編集03（3204）0424
https://bp-uccj.jp/
印刷・製本　開成印刷

ISBN978-4-8184-1114-2　C0036　日キ販
Printed in Japan